幼儿教育“岗课赛证融通”微课版系列教材



# Early Childhood Learning Support

# 幼儿早期学习支持

主　编　邵静雨　张桢林　林　楹
副主编　赵伟芳　郭　伟　王军朝　吴小梅
参　编　吴业玲

ZHEJIANG UNIVERSITY PRESS
浙江大学出版社
·杭州·

图书在版编目（CIP）数据

幼儿早期学习支持 / 邵静雨，张桢林，林楹主编. — 杭州 : 浙江大学出版社，2023.12
ISBN 978-7-308-24370-4

Ⅰ. ①幼… Ⅱ. ①邵… ②张… ③林… Ⅲ. ①幼儿教育 Ⅳ. ①G61

中国国家版本馆CIP数据核字(2023)第212769号

幼儿早期学习支持
YOUER ZAOQI XUEXI ZHICHI
邵静雨　张桢林　林　楹　主编

策划编辑　李　晨
责任编辑　李　晨
文字编辑　胡佩瑶
责任校对　高士吟
装帧设计　春天书装
出版发行　浙江大学出版社
（杭州市天目山路148号　邮政编码　310007）
（网址：http：//www.zjupress.com）
排　　版　杭州林智广告有限公司
印　　刷　杭州高腾印务有限公司
开　　本　787mm×1092mm　1/16
印　　张　12.25
字　　数　190千
版 印 次　2023年12月第1版　2023年12月第1次印刷
书　　号　ISBN 978-7-308-24370-4
定　　价　49.80元

# 前言

PREFACE

随着《幼儿园教育指导纲要（试行）》《3～6岁儿童学习与发展指南》《幼儿园工作规程》等文件的陆续颁布，托幼机构保育与教育工作开展得更加规范、有序。2019年，为加快培养婴幼儿照护专业人才，国务院办公厅发布《关于促进3岁以下婴幼儿照护服务发展的指导意见》（以下简称《意见》），为解决婴幼儿照护问题提供政策保障。《意见》提出，要规范发展多种形式的婴幼儿照护服务机构；鼓励支持有条件的幼儿园开设托班，招收2至3岁的幼儿。为促进婴幼儿照护服务人才培养，教育部陆续增设了相关专业，2022年9月发布了修订的《职业教育专业简介》，对幼儿托育及保育相关专业的课程进行了完善。

《幼儿早期学习支持》意在培养读者运用玩教具支持幼儿早期学习与发展，以及为幼儿创设支持性学习环境的能力。结合托幼机构对幼儿早期学习支持的职业能力要求，对于3岁以下幼儿的早期学习支持，对幼儿进行动作、语言、认知、情感和社会性发展的促进是其中的重点，因为这个阶段幼儿的学习通常由家长陪同进行，所以活动中离不开家长的配合；对于3～6岁幼儿的各项学习支持活动，主要是在照护幼儿生活的同时，辅助幼儿教学活动、游戏活动、体育活动等主要教育活动的进行。

结合托幼机构的服务对象、托幼机构主要的活动类型，以及幼儿照护及保育师（原为“保育员”）的职业技能标准，本书系统地总结了幼儿早期学习支持的相关知识与技能。全书在内容上分为三个模块，模块一为幼儿早期学习认知，模块二为3岁以下幼儿早期学习促进，模块三为3～6岁幼儿早期学习辅助。本书重在培养读者在托幼机构对幼儿的学习进行促进或辅助的能力，也能为正在从事托幼机构保育与教育工作的职业人员提供培训指导。总体来说，本书具有以下特色。

PREFACE

1.“活页式”体例编排

本书以工作对象和职业功能划分模块，以工作内容分设项目，各项目结合内容下设了若干任务。本书采用活页式装订形式，具有便捷的使用功能，包括插页、实训、记录、评价等多种活页功能。

2. 融合职业技能标准

本书中“活动提升”的内容设置参考了职业技能标准的相关知识和技能要求，部分二维码资源改编自保育员操作技能考核题库中的试题，有助于学生在学习知识、练习技能的同时，为职业技能考试做好准备。

3. 融入课程思政元素

本书以习近平新时代中国特色社会主义思想为指导，全面贯彻落实党的二十大精神，将课程思政元素有机融入学习内容，使读者在学习中了解新政策、学习新标准，能充分发挥政策规范对幼儿早期的指导作用。另外，项目导入时引用的一些名著或名人名言，能使读者关注我国历史文化，从中汲取营养，促进幼儿教育事业在创新中发展。

4. 多元化编写，将线上线下有机融合

本书由职业院校和托幼机构教师共同编写，其中的正文内容及配套资源主要由职业院校教师编写，图片、微课资源主要由托幼机构教师提供。本书配备的二维码资源既有对纸质内容的拓展补充，也有托幼机构早期学习支持的场景实录。

由于编者的编写经验和视野有限，再加上职业教育改革的不断深入，书中存在问题在所难免，期待大家提出宝贵意见！

编　者

2023 年 10 月

拓展资源

C O N T E N T S 目录

模块一

MODULE 1

# 幼儿早期学习认知

## 知识导图

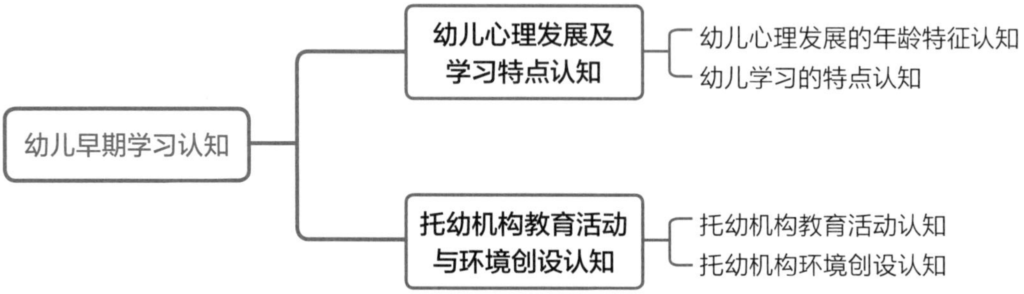
幼儿早期学习认知
幼儿心理发展及学习特点认知
幼儿心理发展的年龄特征认知
幼儿学习的特点认知
托幼机构教育活动与环境创设认知
托幼机构教育活动认知
托幼机构环境创设认知

# 项目一

# 幼儿心理发展及学习特点认知

## 项目导入

人之幼也，知思未有所主。

——朱熹

人的素质的养成是从幼年时期开始的，早期学习不仅影响人的幼年时期，而且对其整个人生都有影响。幼儿学习特点与幼儿心理发展的年龄特征密切相关，不同年龄阶段的幼儿，其心理发展具有相应年龄阶段的普遍特征。对幼儿早期学习与发展的促进离不开对幼儿心理发展年龄特征以及幼儿学习特点的认知。

## 学习目标

◎知识目标

1. 了解幼儿心理发展的年龄特征。

2. 知道幼儿学习的整体特点、不同领域的学习特点和学习的主要方式。

◎能力目标

1. 能查找并举例说明幼儿心理发展的年龄特征。

2. 能举例说明幼儿学习的特点。

◎素质目标

1. 在查找和举例说明幼儿心理发展的年龄特征中，提升获得信息、总结分析及合作交流的能力。

2. 通过对幼儿学习整体特点、不同领域的学习特点和学习主要方式的学习，理解幼儿早期学习特点的普遍性与差异性。

# 任务一　幼儿心理发展的年龄特征认知

## 任务情景

幼儿心理发展的物质基础是神经系统的发育，尤其是脑的发育。幼儿心理发育可反映在多个方面，如动作、感知觉、语言等。那么，不同年龄阶段的幼儿心理发展的特征有哪些？

## 任务目标

通过查找参考文献与举例，复习巩固幼儿心理发展的年龄特征。

## 材料准备

幼儿心理发展年龄特征相关资料。

## 任务实施

### 步骤一　知识准备

### 一、1 ~ 2 岁幼儿心理发展的年龄特征

婴儿心理发展特点

#### （一）动作

1 ～ 1.5 岁的幼儿开始独立行走，很快学会控制身体重心，不用扶物体就能独自蹲下、站起，逐渐学会跑，但跑得不太稳。

1.5 ～ 2 岁的幼儿能蹲着玩、弯腰捡玩具、踢大球、将五六块积木叠搭起来；许多幼儿还有较强的节奏感和音乐感知能力，能够根据音乐的节奏做动作；在成人的指导下可以穿串珠、用汤匙吃东西或用笔画圈。

#### （二）语言

1 ～ 1.5 岁的幼儿语言形成属于单词句阶段，语言意义不明确，语音不清晰，词性不明确，往往与动作紧密结合。主要表现为：喜欢说重叠的字音和用象声词代表物体的名称，说出的词往往代表多种意义；能听懂别人说的简单指令，并开始知道书的概念，喜欢模仿翻书；学会说自己的名字、熟悉

的人名或物品名称，并且会应用简单的动词。

1.5 ～ 2 岁的幼儿语言形成属于电报句阶段，语句简略，结构不完整。主要表现为：开始说由双词组合在一起的句子，句子结构不完整，好像发电报时的片断词语；词汇量增加很快，能用 3 ～ 5 个字的简单短句表达需要；喜欢跟着大人学说话、念儿歌，喜欢看图书，指认、说出图片中熟悉的事物，并且爱重复结尾的句子。

### （三）认知

1 ～ 1.5 岁的幼儿开始关注自己感兴趣的事物，能用手势表示不同的反应，会指认某些身体部位，并喜欢用手、嘴试探各种东西，开始理解简单的因果关系，可根据大小、颜色对熟悉的物品进行简单的分类，还会模仿一些简单的动作或声音。

1.5 ～ 2 岁的幼儿会认识颜色、区分简单的形状，能记住一些简单的事和熟悉的生活内容，喜欢探索周围世界，并开始理解事件发生的先后顺序，会注意与自己生活经验不同的事物，喜欢提问，让成人不断地复述他熟悉的故事情节。

### （四）情感与社会性

1 ～ 1.5 岁的幼儿自我意识开始萌芽，能理解并遵从成人简单的行为准则和规范，可在安全、依恋的环境中和成人共同游戏，情绪变化丰富而迅速。

1.5 ～ 2 岁的幼儿对主要照看者表现出较强的依恋，分离时会感到沮丧，并会较长时间地延续这种状态；自我意识逐步增强，开始表现出独立行为倾向，喜欢独立完成某一动作；开始意识到自己的性别角色；喜欢与其他幼儿共同参与游戏活动；模仿性强，喜欢模仿成人动作。

## 二、2 ～ 3 岁幼儿心理发展的年龄特征

### （一）动作

2 ～ 2.5 岁的幼儿掌握了更多的动作技能，能双脚交替走楼梯，能后退、侧着走和奔跑，能轻松地立定蹲下，能双脚离地跳，会骑儿童自行车，会举起手臂朝指定方向投掷，能用积木搭桥、火车等简单的物体，会用手指一页一页地翻书本。

2.5 ～ 3 岁的幼儿能双脚离地连续跳跃 2 ～ 3 次，能走直线，单脚能站

立 5 ～ 10 秒，会用积木（积塑）搭（插）成较形象的物体，会穿简单的鞋袜和外衣外裤。

### （二）语言

2 ～ 2.5 岁的幼儿能开始清晰地表达想法，会用日常生活中常用的一些形容词，说完整的短句和简单的复合句，能区分书中的图画和文字，会主动自主阅读，爱看情节简单的图画书。

2.5 ～ 3 岁的幼儿能回答简单的问题，喜欢问“这（那）是什么”等，词汇量增多，能说出物体及其图片的名称，理解简单故事的主要情节，能说出有 5 个字以上的复杂句子，知道一些礼貌用语。

### （三）认知

2 ～ 2.5 岁的幼儿喜欢对周围事物或现象提出问题，能感知物体的形状、材质，可根据物体的大小、颜色等分类，知道量的多少，游戏时能发挥自己的想象力，用手边的玩具代替想象的物体或人物。

2.5 ～ 3 岁的幼儿能够区分红、黄、蓝、绿等常见的颜色，开始做些有一定意思的涂鸦，能记忆和唱简单的歌，能口数 1 ～ 10，会区分大小、多少、长短、上下、里外，能将物体归类，知道数字的大小与数量的关系，知道家里主要成员的简单情况。

### （四）情感与社会性

2 ～ 2.5 岁的幼儿开始会自主地表达自己的情感、意识到他人的情感，产生简单的是非观念；喜欢参与同伴的活动，但是角色扮演意识模糊，还不能很好地控制自己的情绪。

2.5 ～ 3 岁的幼儿开始能较好地调节自己的情绪，发脾气的时间减少，会用“快乐”“生气”等词来表达自己和他人的情绪，有时也会隐瞒自己的情绪；能和同龄幼儿分享玩具，有一定规则意识；开始知道自己的性别及不同性别的差异，喜欢玩与自己性别特征相符的玩具。

## 三、3 ～ 4 岁幼儿心理发展的年龄特征

### （一）动作

3 ～ 4 岁的幼儿处于直觉行动思维阶段，对外界的认识常常依附于动作，主要通过亲身感受、实践操作的行为与动作来形成对外界的认知与了解；动

作的协调性、灵敏性以及力量、耐力等方面都较弱，有各类基本动作的经验，但能力较弱；喜欢模仿，情绪波动大，运动中的行为往往受成人或同伴的影响，常把假象当现实，喜欢独自随意摆弄物品。

### （二）语言

3～4岁的幼儿语言能力发展迅速，处于语言发展的关键期，变得特别爱说话，即使是一个人玩，也会自言自语地边说边玩；语音发音不够准确，不会发舌根音g，而常以舌尖音d代替；发翘舌音zh、ch、sh、r有困难，常用舌尖前音或舌面音来代替；已逐渐能理解并运用一些常用的词汇，这些词汇以表示周围常见物体和各种活动的名词和动词为主，也能掌握一些易于理解的、能直接感知的、说明物体具体特点的形容词；能够说出包含词组规则的语言单位，能表达相对完整的句子；开始产生词序策略，在4岁前形成一种规范的句子词序模式，即“名—动—名”的句子结构模式。

### （三）认知

3～4岁的幼儿认知范围逐步扩大，认知依靠动作，认知活动直观具体；无意注意仍占优势，对新鲜事物有较强的好奇心，注意力容易分散，不易集中；开始形成一些与生活经验相联系的事物概念，但常会受经验的影响；思维方式带有明显的直觉行动性，靠动作进行，调控行为的能力还比较弱，一定程度上受外界刺激和情绪特点的制约，常常是边做边想或先做后想，常常通过模仿来学习；会初步对物品进行简单的分类。

### （四）情感与社会性

3～4岁的幼儿道德感不强，易随着成人的判断而改变；对颜色鲜明的东西、新的衣服等产生美感，而且喜欢相貌漂亮的小朋友，不喜欢形状丑恶的事物；情绪很不稳定，易受外界环境影响，常常会因为一件小事哭泣，听不进成人的劝解，但用玩具或活动可转移其注意力；人际交往能力得到迅速发展，仍然喜欢身体接触，如成人对其拉手；游戏中的交往主要是非社会性的，以独自游戏或平行游戏为主。

## 四、4～5岁幼儿心理发展的年龄特征

### （一）动作

4～5岁的幼儿积累了一定的走、跑、跳等基本动作经验，当材料充足、

氛围宽松时，能积极地与材料互动；有一定的运动能力，思维更加灵活，注意力比较集中，对运动感兴趣；当运动具有一定要求时，能积极探索，从中发现动作的多样性，满足对新颖、独特的追求。

### （二）语言

4～5岁的幼儿已经具备正确发音的生理条件，有了一定的语音意识，能意识到自己和别人在发音上的差异，但对某些易混淆的音，发音仍有困难，需要反复练习加以区分，如n、l、r等；语法和结构大致和成人无异，还会使用含5～8个词的句子；喜欢争论和推理，常用“因为”等词语；喜欢听故事，特别是小动物的故事，理解故事有开端、进展和结尾，能记住故事并复述，还喜欢自己编故事、讲故事，对原因和结果感兴趣；喜欢笑话和谜语。

### （三）认知

4～5岁的幼儿可以长时间集中注意力；能掌握读、写和计算前的基本概念和技巧，对于时间、空间、数量、物体类别的概念已颇为了解，能以正确的次序排列长短、高矮、宽窄或大小不同的物件，能数数至20。

### （四）情感与社会性

4～5岁的幼儿已掌握了生活中的一些道德标准，既关心自己的行为，也开始关心他人的行为，由此产生相应的情感，对他人的不道德行为会表示不满，也会对弱者表示同情，并产生安慰行为；羞愧感或内疚感开始明显发展；理智感已明显发展，突出表现在很喜欢提问题，并由于提问和得到满意回答而感到愉快；能从音乐、绘画作品以及舞蹈、朗诵活动中体验到美的感受；社会性游戏逐渐成为主要游戏形式，处在游戏中社会性交往发展的初级阶段。

## 五、5～6岁幼儿心理发展的年龄特征

### （一）动作

5～6岁幼儿的各类基本动作、各项身体基本素质迅速发展，能够掌握一些较难的动作；自我控制能力提高，学习有一定的目的性和计划性，能积极用各种方式表达想法，积极思考、主动探索，并不断调整自己的行为，努力寻求合适的方法来实现自己的想法；同伴间的互助合作意识也有所增强。

### （二）语言

5～6岁幼儿的发音器官健全，并建立了语言的自我调节机制，对声音的细微差别有了很好的鉴别能力；词汇量迅速增加，表达能力明显提高，能较清楚、连续甚至有表情地描述事物，并能讲得生动、形象；能较好地用语言与他人交流，能自信地表达个人的观点和主张；开始对文字产生兴趣，阅读兴趣显著提高；理解语义时仍以自我为中心，抓不住词汇的准确含义。

### （三）认知

5～6岁幼儿的好奇心发展迅速，认知过程积极主动，开始掌握认知方法；有意注意有了一定的稳定性和自觉性，集中时间能延长至约15分钟，有了初步的任务意识；观察的目的性有所提高，能主动观察周围感兴趣的事物，并掌握一些观察方法；记忆的有意性有了明显发展，能主动记忆所学的内容或成人布置的任务；能初步理解周围世界中比较隐蔽的因果关系，抽象逻辑思维开始萌芽，能根据事物的本质属性进行初步概括、分类，能分析、理解事物间的相对关系；求知欲和探索欲强，常提出问题，能进行操作类的科学实验等，并渴望寻求答案。

### （四）情感与社会性

5～6岁幼儿道德感的发展趋向复杂和稳定，对好与坏有着完全不同的反应，不单能从结果上进行判断，也开始注重行为动机和意图；喜欢进行各种智力游戏以及各种解决问题的活动，以满足求知欲和好奇心；不再只喜欢颜色鲜艳的物品，还要求颜色能搭配协调，对美的评价标准随年龄增长而提高；合作性能力开始发展，在游戏中能与他人有共同目的、计划，服从一定的指挥，遵守共同的规则，互相协作、尊重、关心与帮助，共同玩好游戏。

## 步骤二　活动提升

1. 回顾幼儿心理发展基础相关知识，各小组分工查找各年龄阶段幼儿心理发展的年龄特征知识（包括动作、语言、认知、情感和社会性等），并将相应内容总结在表1-1-1-1中。

幼儿年龄特征举例参考

表 1-1-1-1 幼儿心理发展的年龄特征

| 查找的年龄段 | | 参考文献 | |
|---|---|---|---|
| 年龄特征 | | | |

2. 针对相应年龄阶段幼儿心理发展的特征进行举例，填入表 1-1-1-2 中，并在小组内分享、讨论。

表 1-1-1-2 相应年龄阶段幼儿心理发展的特征

| 类型 | 年龄段 | 具体特征 | 举例 |
|---|---|---|---|
| 动作 | | | |
| 语言 | | | |
| 认知 | | | |
| 情感与社会性 | | | |

## 步骤三 任务评价

| 评价项 | 评价要点 | 自我评价 | 小组评价 |
|---|---|---|---|
| 回顾幼儿心理发展的年龄特征 | 积极配合完成任务（0 ~ 10 分） | | |
| | 分工任务完成详细（0 ~ 40 分） | | |
| 举例说明幼儿心理发展的年龄特征 | 对应举例完成（0 ~ 40 分） | | |
| | 积极进行分享讨论（0 ~ 10 分） | | |
| 本任务最后得分（总分 100 分） | | | |

说明：小组各成员进行自我评价，小组评价由小组长和其他成员讨论后评价。本任务最后得分（分）= 自我评价得分 ×40% + 小组评价得分 ×60%。

# 任务二 幼儿学习的特点认知

## 任务情景

幼儿心理发展有其年龄特征，因此幼儿学习有其相应的整体特点。幼儿在不同领域表现出不同的学习特点，具体有哪些？

## 任务目标

通过描述和举例，熟悉幼儿在不同领域的学习特点和学习方式。

## 材料准备

幼儿在某一领域学习的特点案例。

## 任务实施

### 步骤一 知识准备

### 一、幼儿学习的整体特点

#### （一）以直接经验为基础

幼儿通过观看、倾听、闻嗅、触摸、品味等各种感知觉认识周围世界，他们对世界的认识是具体、生动的，通过这些具体而生动的经验进行学习，表明幼儿的学习以直接经验为基础。

#### （二）受兴趣和需求影响

幼儿的兴趣和需求直接影响幼儿的认识活动，他们会以极大的热情，积极、主动地探索和认识他们感兴趣的、感到好奇的和有需求的事物。只有兴趣、需求及时得到满足，幼儿才可能成为主动的学习者。因此，教养人要关注幼儿的兴趣与需求，并以此确立幼儿感兴趣的活动主题，且要注意尽可能用幼儿感兴趣的方式，把期望幼儿学习的内容转化为幼儿的兴趣和需求，进而引导幼儿的学习。

### （三）具有整体性

幼儿的生活是一个不可分割的整体，他们的认知也是整体性的。因此，教养人要注意多创设情境，让幼儿在具体活动中整体感知。教养人要引导幼儿在生活中学习，引导幼儿对生活、对世界的整体感知与体验。

### （四）具有个体差异性

受各方面因素的影响，幼儿在发展的起点、速度和水平上都存在着明显差异。因此，各项活动的开展要尊重幼儿的个体差异，因材施教，满足不同幼儿的需要，使其在原有水平上有所提高。

## 二、幼儿在不同领域学习的特点

### （一）幼儿在健康领域学习的特点

#### 1. 以养成健康行为为目标

幼儿的健康认知、健康态度和健康行为三者的特点及其之间的复杂关系决定了幼儿在健康领域的学习不同于成人。

（1）健康认知有别于成人。幼儿年龄尚小，还难以理解现在坚持做某件事情对未来个体产生的影响。例如，幼儿坚持喝奶更多是因为想喝，而不是因为能体会喝奶对骨骼发育有益。因此，幼儿掌握的健康知识越广，产生有益健康行为的可能性就越大。

（2）健康态度有别于成人。幼儿有某种非健康行为并不意味着其毫不知晓健康知识，但大多数幼儿常常轻易地表示不愿意采取某种行为，而不像成人往往有各种明确的理由。因此，幼儿对健康所持的态度是健康知识能否转化为健康行为的关键。

（3）健康行为有别于成人。幼儿常常因缺乏动机而拒绝执行健康行为，常常容易受到成人的暗示或环境的干扰，而成人在是否采取健康行为这一问题上往往较为理性。因此，幼儿不健康的行为并不一定是由于其认识水平低，健康知识的增加并不一定能在幼儿的健康行为中体现效果。

#### 2. 易受群体的影响

班级是一个小集体，幼儿常会有“大家都这样，我也要这样”的心态，因此，培养幼儿多种良好的行为习惯，首先是指导幼儿集体学习健康知识，从改变群体行为习惯入手，这是针对幼儿年龄特点采取的有效对策。

3. 具有一定反复性

随着健康教学活动的开展，幼儿常常能在短期内建立起某种健康行为，但幼儿记忆的一个明显特点是“记得快，忘得快”，因此幼儿的健康学习需要反复进行。另外，反复进行不应是简单机械地重复，而是应在原有基础上根据现有经验加以变化，以保证幼儿的学习效果。

## （二）幼儿在语言领域学习的特点

1. 在逐步积累中学习

语言的学习是一个从无到有、从不理解到部分理解再到完全理解的逐步发展的过程。例如，幼儿往往需要经过一段时间才能理解保育老师所说的某个词的确切含义，需要多听几遍才能理解某一个故事的主要含义。

2. 在主动模仿中学习

幼儿主要靠模仿来学习语言，他们模仿较多的一般是成人、同伴等身边人的语言，或者是通过影视节目听到的语言。只要他们有兴趣或需要，这种模仿便能随时随地地进行。但他们分辨对错、好坏的能力还较弱。

3. 在交往活动中练习

幼儿学习语言的过程往往与交往活动紧密联系，通过这些活动，他们学习语言、运用语言，积累语言知识和听说经验，从而提高语言表达能力。

4. 在个体差异中学习

不同的幼儿在语言学习的速度、效果等方面表现出不同的特点，在运用语言进行交际的积极性方面也表现出不同的程度。因此，教养人要尊重个体差异，因材施教。

## （三）幼儿在社会领域学习的特点

1. 随机性和无意性

社会学习涉及社会生活的方方面面。幼儿每天观察，模仿老师、同伴、父母或其他人的行为举止和待人态度等，而这种模仿可以在很多活动中随机、无意地出现。这为利用各种时机促进幼儿的社会学习提供了可能。

2. 长期性和反复性

人在社会的不同时期、不同地点分别扮演着不同的社会角色，人要适应这个社会，按社会某种角色的要求行事，就要不断地进行社会学习，因此幼儿的社会学习具有长期性。幼儿身心发展尚不成熟，各种行为还不稳定，可塑性、可变性较大，因此幼儿的社会学习具有反复性。对待幼儿的社会学习，需要教养人有高度的责任感，要有耐心，更要细心。

3. 实践性和情感性

幼儿思维以具体形象为主，外在的社会道德规范对幼儿来说较为抽象，幼儿在实践中、在与他人的交往中，通过成人和同伴的评价，强化自己的情感体验，调节自己的行为，进而形成一定的习惯。所以，幼儿的社会学习具有实践性和情感体验性。也就是说，幼儿在社会领域的学习须重视实践活动，以使其不断感知、体验，更好地实现社会化。

### （四）幼儿在科学领域学习的特点

1. 幼儿科学探究学习的特点

（1）天生有好奇心。幼儿对自己的身体以及周围世界都充满着想要了解的欲望。几乎与科学领域有关的所有现象和事物，都会激起幼儿的好奇心，使其表现出对周围世界的感知、探索。好奇心是幼儿学习科学的内在驱动力，我们对此要加以保护。

（2）在探索中学习。幼儿对陌生的事物、现象都表现出想要听一听、看一看、摸一摸、问一问的愿望，总想尝试、摆弄。在探索时，他们会提出各种各样的问题，甚至让人难以回答。我们应鼓励幼儿的这种精神，给他们创造各种探索的机会，以发挥其创造性。

（3）在活动中学习。幼儿在科学领域的学习主要是通过操作，以自己的感官直接接触周围世界来获取经验。他们较难理解教养人的讲解和灌输，也较难像成人一样直接通过文字、书本等获取知识，因此我们应更多地为其提供参与科学活动的机会。

（4）易受成人影响。幼儿对科学的学习易受成人影响，其学习状态不稳定也不持久。教养人如果能表现出关注、支持和鼓励，幼儿的积极性会大为提高；如果对其活动态度敷衍，就会挫伤他们的积极性。因此，教养人应为幼儿创造良好的心理环境。

2. 幼儿数学学习的特点

（1）开始于动作。刚开始学习数学时，幼儿常常伴随着外显的动作，随着年龄的增长，才逐步内化，并呈现于头脑中。最初学习数数时，他们要借助手的点数动作才能正确地计数，在计数能力提高后，才变为默数。

（2）理解基于经验。幼儿对于数学知识的抽象意义的理解，需要借助具体事物，他们是从对具体事物的抽象中获得知识的。因此，要为幼儿提供多样化的经验和体验，以帮助他们更好地理解数学概念。

（3）需要语言参与。幼儿在进行数学操作时所伴随的语言表达，能对他们的动作进行有效监控，并因此提高其对动作的意识程度，有助于他们在动作上的内化。

（4）需要多练和多用。幼儿对数学知识的学习是一个持续不断的过程，需要他们不断与环境相互作用，尝试新方法、新策略并练习和检验，在应用中加以巩固。因此，教养人要为他们提供大量练习和应用的机会。

### （五）幼儿在艺术领域学习的特点

#### 1. 幼儿美术学习的特点

（1）突出游戏性。从幼儿美术发展过程来看，最早的美术行为的发生源自游戏的冲动。和游戏活动一样，幼儿在进行美术创作时不但看重结果，更看重过程，相比完成一幅作品后的成就感，幼儿可能觉得创作的过程更有意思。另外，幼儿美术活动通常伴随着愉悦的情绪，这和游戏同质。

（2）依赖情绪情感。幼儿美术活动较少有强制的功利目的，真实的情绪情感是幼儿美术活动的动因，幼儿美术活动一般是再现与情绪情感有关的事物，使自己的愿望得以实现，而较少考虑形式美的因素。

（3）在有限的经验中进行创造。幼儿美术通常反映他们身边一些简单的事物、生活中的所见所闻和一些简单知识，所用的美术工具材料和创作方法较为简单，表达形式相对单一，多从简单的绘画、泥工、纸工开始。因此，他们在活动中更显自由，可大胆尝试不同的方法，以表达自己的思想。

（4）重在体验操作。幼儿美术活动重在操作，操作美术工具和材料对幼儿来说既是过程也是目的。因此，幼儿美术活动需要有充足的材料，而且这些材料要能够满足不同幼儿的需求，以满足幼儿操作的愿望。

#### 2. 幼儿音乐学习的特点

（1）愉悦性。幼儿音乐学习具有愉悦性，由此可以把音乐教育寓于愉快的音乐感受和音乐表现之中，以促进幼儿在自然快乐的状态下学习音乐，进而获得愉悦的情绪体验，得到精神满足，促进身心健康。

（2）游戏性。幼儿音乐学习具有游戏性，因此应选用一定比例的音乐游戏作为素材，将游戏的成分自然渗透在整个音乐情境之中。幼儿的意志力还很薄弱，如果活动本身不能激起幼儿的兴趣或使幼儿产生快乐的体验，那么幼儿很难真正全身心地投入活动当中。

（3）形象性和感染性。幼儿主要以具体形象思维为主，幼儿通过感知理解具体感性的事物组成生动形象的音乐画面。音乐具有感染力，可以丰富幼儿的积极情感，使幼儿学会对事物的是非、善恶进行初步判断，从而对其道德行为、情绪体验产生影响。

（4）综合性。幼儿音乐学习的主要目的是从活动中直接获得快乐体验。幼儿的音乐学习往往表现为将唱歌、奏乐、跳舞、演戏、玩要等综合在一起。幼儿音乐教育的方法灵活而多样，但每一种方法在教学过程中并不是孤立的。幼儿多会在音乐中自发性地进行创作，尽情地享受音乐带给他们的乐趣，不会过于重视他人的评价。因此，幼儿音乐学习是目的、形式、方法与过程多个方面的综合。

## 三、幼儿学习的主要方式

### （一）操作

操作是幼儿探索周围世界的主要方式。幼儿通过在操作中摆弄物体，能体会操作及其结果之间的因果关系。操作对于语言理解与表达能力尚不足的幼儿能起到补充作用。操作也有助于幼儿提高动作技能，还能增强幼儿的自我价值感，能使幼儿在活动中获得自信心。

### （二）探究

探究是以问题为载体，在贴近科学探究的途径和情景中，幼儿通过收集、分析和处理信息而获得科学的方法、技能和思维方式的一种学习方式。探究式学习不是将标准的知识概念灌输给幼儿，而是幼儿通过自己探究，发现问题、分析问题和解决问题。

### （三）模仿

模仿是指幼儿观察他人（榜样）的行为及其后果之后，即使自己不实地参与活动也能学会某种行为，并能对榜样行为进行简单复制。它具有直观形象、效果明显的优点，是幼儿学习的主要方式之一。

### （四）合作

合作是指在班级或小组内，师幼之间、幼幼之间以及全员之间，为完成某项共同的学习任务，进行合理分工，最终实现学习目标的学习方式。合作式学习可以为师幼、幼幼之间提供了解彼此想法的机会，有利于培养幼儿在决策时的合作与交流能力。

### （五）体验

体验式学习是让幼儿在亲身经历和体验中获得知识或概念的学习方式。它注重幼儿的亲身体验与实践，能引导幼儿从体验中感悟、从实践中学习。情境设置是其基本条件。

### （六）接受

接受式学习是指幼儿通过教师呈现的材料来掌握现成知识的学习方式。接受式学习的内容是以确定的方式由教师传授给幼儿的，而不是由幼儿独立、自主地发现和探寻的。

## 步骤二　活动提升

1. 小组分工，针对幼儿在某一领域的学习特点进行描述，并对特点进行举例说明（至少 2 个），填入表 1-1-2-1 中。

幼儿在不同领域学习的特点案例参考

表 1-1-2-1　举例说明幼儿在不同领域学习的特点

| | |
|---|---|
| 领域及特点 | |
| 特点 1 举例 | |
| 特点 2 举例 | |

2. 小组分工，针对幼儿的学习方式进行举例说明（至少 2 个，可参考上

题中的案例），填入表 1-1-2-2 中。在说明前要先描述幼儿的学习方式。

表 1-1-2-2　举例说明幼儿在不同领域学习的方式

| | |
|---|---|
| 学习方式 | |
| 方式 1 举例 | |
| 方式 2 举例 | |

## 步骤三　任务评价

| 评价项 | 评价要点 | 自我评价 | 小组评价 |
|---|---|---|---|
| 举例说明幼儿在不同领域学习的特点 | 对应领域特点总结全面（0 ~ 10 分） | | |
| | 特点 1 举例说明具有针对性（0 ~ 20 分） | | |
| | 特点 2 举例说明具有针对性（0 ~ 20 分） | | |
| 举例说明幼儿学习的方式 | 对应学习方式总结全面（0 ~ 10 分） | | |
| | 学习方式 1 举例说明具有针对性（0 ~ 20 分） | | |
| | 学习方式 2 举例说明具有针对性（0 ~ 20 分） | | |
| 本任务最后得分（总分 100 分） | | | |

说明：小组各成员进行自我评价，小组评价由小组长和其他成员讨论后评价。本任务最后得分（分）= 自我评价得分 ×40% + 小组评价得分 ×60%。

项目测试 1-1

## 项目二

# 托幼机构教育活动与环境创设认知

## 项目导入

> 一年之计，莫如树谷；十年之计，莫如树木；终身之计，莫如树人。
>
> ——管仲

幼儿在家庭环境中出生、成长，到一定年龄段会进入集体教养机构，即托幼机构。托幼机构承担着对幼儿进行保育与教育的重要任务。托幼机构的教育活动有其特殊的形式与特点，托幼机构的教育形式、手段与方法也有其特殊性。托幼机构良好的物质环境和精神环境的创设，能使托幼机构的保教工作顺利进行。

## 学习目标

◎知识目标

1. 知道托幼机构的类型与保教工作。
2. 理解托幼机构教育活动的形式、特点、内容、手段和方法。
3. 把握托幼机构环境创设的要点。

◎能力目标

1. 能描述教育活动的形式、手段和方法，并能在特定情境中恰当地选择与运用。
2. 能结合托幼机构环境创设的基本要求，提出环境创设的建议。

◎素质目标

1. 在教育活动案例的收集与整理中，提升获得信息、总结分析的能力。
2. 在托幼机构环境创设的案例收集与讨论中，提升收集信息、合作交流的能力，理解理论指导实践的重要性。

# 任务一　托幼机构教育活动认知

## 任务情景

丁丁妈妈很困惑，有些同龄幼儿已经认了很多字，甚至已经能够算两位数的加法，但已是大班的丁丁认得的仍然是自己教的那几十个字，幼儿园到底教啥了，是怎么教的？

## 任务目标

通过收集与总结教育活动案例，对托幼机构的教育活动有整体的认知。

## 材料准备

3 岁以下及 3 ～ 6 岁幼儿教育活动案例各 1 个。

## 任务实施

### 步骤一　知识准备

### 一、托幼机构的主要类型

#### （一）托育机构

托育机构是为 3 岁以下婴幼儿及其家庭提供全日托、半日托、计时制托育等照护和教养服务的机构。现在社会上的托育机构类型较多，包括托儿所、亲子园、早教中心及托管服务和亲子综合服务等多种类型，也为广义的托儿所。

#### （二）幼儿园

幼儿园是主要针对 3 ～ 6 周岁的幼儿实施保育和教育的机构，实行保育与教育相结合的原则，对幼儿实施德、智、体、美等全面发展的教育，以促进幼儿身心的和谐健康发展。

1-2-2

## 二、托幼机构的保教工作

托幼机构的保教工作包括保育和教育两个方面。

### （一）托育机构的保育

托育机构的课程与作息安排

《托育机构保育指导大纲（试行）》指出：“托育机构保育是婴幼儿照护服务的重要组成部分，是生命全周期服务管理的重要内容。通过创设适宜环境，合理安排一日生活和活动，提供生活照料、安全看护、平衡膳食和早期学习机会，促进婴幼儿身体和心理的全面发展。”这为幼儿的保教工作指明了方向。托育机构关于3岁以下幼儿动作、语言、认知、情感和社会性发展的保育目标如下。

（1）动作方面。掌握基本的大运动技能，达到良好的精细动作发育水平。

（2）语言方面。对声音和语言感兴趣，学会正确发音；学会倾听和理解语言，逐步掌握词汇和简单的句子；学会运用语言进行交流，表达自己的需求；愿意听故事、看图书，初步发展早期阅读的兴趣和习惯。

（3）认知方面。充分运用各种感官探索周围环境，有好奇心和探索欲；逐步发展注意、观察、记忆、思维等认知能力；学会想办法解决问题，有初步的想象力和创造力。

（4）情感和社会性方面。有安全感，能够理解和表达情绪；有初步的自我意识，逐步发展情绪和行为的自我控制；与成人和同伴积极互动，发展初步的社会交往能力。

### （二）幼儿园的保教工作

《幼儿园工作规程》指出：“幼儿园的任务是贯彻国家的教育方针，按照保育与教育相结合的原则，遵循幼儿身心发展特点和规律，实施德、智、体、美等方面全面发展的教育，促进幼儿身心和谐发展。”《幼儿园教育指导纲要（试行）》对幼儿关于五大领域的培养目标分别如下。

（1）健康领域。身体健康，在集体生活中情绪安定、愉快；生活、卫生习惯良好，有基本的生活自理能力；知道必要的安全保健常识，学习保护自己；喜欢参加体育活动，动作协调、灵活。

（2）语言领域。乐意与人交谈，讲话礼貌；注意倾听对方讲话，能理解日常用语；能清楚地说出自己想说的事；喜欢听故事、看图书；能听懂和会说普通话。

（3）社会领域。能主动地参与各项活动，有自信心；乐意与人交往，学习互助、合作和分享，有同情心；理解并遵守日常生活中基本的社会行为规则；能努力做好力所能及的事，不怕困难，有初步的责任感；爱父母长辈、老师和同伴，爱集体、爱家乡、爱祖国。

（4）科学领域。对周围的事物、现象感兴趣，有好奇心和求知欲；能运用各种感官，动手动脑，探究问题；能用适当的方式表达、交流探索的过程和结果；能从生活和游戏中感受事物的数量关系并体验到数学的重要和有趣；爱护动植物，关心周围环境，亲近大自然，珍惜自然资源，有初步的环保意识。

（5）艺术领域。能初步感受并喜爱环境、生活和艺术中的美；喜欢参加艺术活动，并能大胆地表现自己的情感和体验；能用自己喜欢的方式进行艺术表现活动。

## 三、托幼机构教育活动的组织形式与特点

### （一）托幼机构教育活动的组织形式

#### 1. 根据内容与对象的数量划分

（1）集体活动。集体活动是对相同年龄段的幼儿（有时会有家长）在同一时间、同一空间下进行的教育活动。其计划性较强，时间较固定，可对较多幼儿及其家长实施活动，省时省力。但集体活动不利于掌握幼儿的学习过程和效果，也不利于照顾个别幼儿。

（2）小组活动。小组活动是通过创设环境，让幼儿（有时会有家长）分小组进行的教育活动。幼儿可以在较宽松的环境中，在同一时间单元里选择不同的活动内容，进行相互合作或个别学习。但同时开展多种活动，不利于发挥整体活动的效果。

（3）个别活动。个别活动是根据个别幼儿及其家长的特殊需要而安排的教育活动，一般包括具有特殊才能或有发展障碍的幼儿的个别活动，以及个别幼儿自由选择的区域活动。其优点是可以关注到幼儿的个别差异，但个别活动费时费力，对人数也有限制。

在组织教育活动时，应尽量将多种形式综合运用，避免单一的活动形式。

2. 根据时间安排划分

（1）小时制活动。小时制活动是指幼儿（多有家长陪同）参与托幼机构组织的一到两个小时的教育活动。

（2）全日制 / 半日制教育活动。全日制 / 半日制教育活动是指幼儿（有时会有家长陪同）参与托幼机构组织的全日 / 半日的教育活动。这种形式有利于幼儿适应托幼机构的生活节奏和环境。

（3）周末制活动。周末制活动是指幼儿（多有家长陪同）利用周末参与托幼机构组织的教育活动。这种形式弥补了家长因工作日没有时间带幼儿的遗憾，有利于培养亲子关系。

需要注意，年龄越小的幼儿，家长的参与度越高，活动安排的个性化程度也越高，既要满足幼儿的生活需求，也要关注幼儿的情绪情感，及时做好情绪抚慰工作。

3. 根据活动模式划分

（1）“走出去”活动。“走出去”活动指托幼机构的教师走进社区，开展多种性质的教育活动和服务，如入户指导、流动大篷车、社区活动站等多种形式。

（2）“请进来”活动。“请进来”活动指托幼机构的环境、玩具等各种资源定期或不定期地向社区开放，如父母讲堂、育儿咨询、家长沙龙等多种形式。

## （二）托幼机构教育活动的特点

1. 生活性

生活性特点由幼儿的身心发展特点所决定，教育活动应强调生活化。生活性活动应渗透或穿插在幼儿的日常生活中。对家长的指导应结合日常生活的各类情境展开，随时随地渗透进日常生活的各个环节。

2. 游戏性

幼儿的基本活动就是游戏，他们是在游戏过程中不断学习和发展，从而获得基本经验和技能的。教育活动游戏化的实质是使活动过程更愉快、有趣、轻松，充分发挥幼儿的主体性。另外，亲子游戏可以充分激活幼儿的大脑细胞，增进亲子感情。

3. 个别性

教育活动的实施要重视幼儿的发展差异，承认和欣赏幼儿发展的多样性，保护每个幼儿的兴趣与能力发展，不把活动结果作为鉴定和评比幼儿发展程度的标准。对不同的家长也要采取不同的指导方法。另外，针对幼儿的个别需求，还需针对性地给予指导。

## 四、托幼机构的教育手段与方法

### （一）托幼机构的教育手段

教育手段是指为了实现保教目标，在教育过程中师幼利用能够互相传递教学信息的教学媒体、工具、设备等进行教育活动的方式。教育手段有传统手段和现代手段两种。

1. 传统手段

传统手段主要以语言和普通教具为媒体，可分为两类：一是基本教学手段，即主要通过教师进行教学，如口授、示范等；二是用实物材料作为教育手段，如粉笔、黑板、图表等。传统手段成本较低、操作灵活，能展现教师风格，与教学内容有机结合，再加上教师的语言魅力，能给幼儿以无限的想象空间。但缺点是受时空限制，难以展示三维空间、模拟实验操作、回放教学内容，单位时间信息较少等。

2. 现代手段

现代手段是指将各种电化教育器材和教材，如投影仪、录像机、电视、电脑等运用到教育活动中的方式。与传统手段相比，现代手段具有形象性、动态性、交互性、模拟性、可重复性、高效性等优点。但由于幼儿身体娇嫩，长时间让幼儿面对电子设备易导致幼儿视觉疲劳，而且电子设备产生的辐射也不利于幼儿身体健康。而滥用媒体素材、过多添加动画将影响幼儿的注意力，降低教育效果。

### （二）托幼机构的教育方法

教育方法是为设计和实施教育活动、完成教育任务、达成教育目标，师幼在共同活动中所采用的方法。实际使用时往往采用多种方法进行，通常有观察法、讲授法、谈话法、示范法、讨论法、操作法六种。

1. 观察法

观察法是指通过向幼儿出示实物、图片、教具、录像等材料，使幼儿通过观察获得相应的知识和行为技能的方法。观察法可以保证幼儿在直接接触事物的过程中，运用多种感官直观、生动、具体地认识事物，提高其感官综合活动能力，为发展抽象思维能力、形成概念提供丰富的感性经验。

2. 讲授法

讲授法是指通过口头语言向幼儿描绘情景、叙述事实、解释概念、说明道理的方法。讲授法一般包括讲述和讲解两种。讲述是教师通过口头语言向幼儿生动地叙述、说明要讲解的教学内容，讲解是教师通过口头语言向幼儿解释和说明知识、材料、某个概念或原理等。

3. 谈话法

谈话法又称回答法，是教师根据一定的主题，通过师幼之间的交谈来传达信息的一种方法。这种方法可以使幼儿零星的认识变得系统化，也可以培养幼儿的听说能力，促进幼儿的思维发展。

4. 示范法

示范法是教师通过自身规范化的语言和动作，为幼儿提供学习的榜样，以便幼儿进行模仿的方法。例如，在积木活动中，教师给幼儿示范排列、组合、接插、镶嵌、编织、黏合、旋转等主要的拼搭技巧。

5. 讨论法

讨论法是幼儿在教师的指导下，全班或小组围绕某一个中心问题，通过发表各自的意见和看法，共同研讨、相互启发、相互学习、交流意见的一种教学方法。

6. 操作法

操作法是教幼儿按照一定要求和程序，通过自身的实践活动进行学习的方法。操作法可帮助幼儿形成简单的技能和习惯，也可培养幼儿克服困难、认真工作的品质。

## 步骤二　活动提升

阅读收集到的教育活动案例，在表 1-2-1-1 中填入相关信息，并在小组内分享。

教育活动案例参考

表 1-2-1-1　案例相关信息表

<table>
<tr><td rowspan="9">教育活动案例</td><td rowspan="4">活动材料</td><td colspan="2">案例类型（文字、图片或录像）</td><td></td></tr>
<tr><td colspan="2">案例来源</td><td></td></tr>
<tr><td colspan="2">针对的幼儿年龄</td><td></td></tr>
<tr><td colspan="2">内容（可粘贴）</td><td></td></tr>
<tr><td rowspan="5">结论</td><td rowspan="3">组织形式</td><td>根据内容与对象的数量</td><td></td></tr>
<tr><td>根据时间</td><td></td></tr>
<tr><td>根据活动模式</td><td></td></tr>
<tr><td colspan="2">传统 / 现代手段</td><td></td></tr>
<tr><td colspan="2">主要教育方法</td><td></td></tr>
</table>

## 步骤三　任务评价

<table>
<tr><th>评价项</th><th>评价要点</th><th>自我评价</th><th>小组评价</th></tr>
<tr><td rowspan="4">结合案例认知托幼机构的教育活动</td><td>收集任务完成（0 ~ 20 分）</td><td></td><td></td></tr>
<tr><td>案例涉及内容丰富（0 ~ 20 分）</td><td></td><td></td></tr>
<tr><td>结论有理有据（0 ~ 40 分）</td><td></td><td></td></tr>
<tr><td>语言表达流畅（0 ~ 20 分）</td><td></td><td></td></tr>
<tr><td colspan="2">本任务最后得分（总分 100 分）</td><td colspan="2"></td></tr>
</table>

说明：小组各成员进行自我评价，小组评价由小组长和其他成员讨论后评价。本任务最后得分（分）= 自我评价得分 ×40% + 小组评价得分 ×60%。

# 任务二 托幼机构环境创设认知

## 任务情景

妈妈带兜兜去一家亲子机构上体验课程，机构里精心的布置让人赏心悦目，兜兜喜欢脱了鞋在教室的地垫上玩，也特别喜欢老师给她的玩具……

## 任务目标

通过托幼机构环境创设举例与讨论，对托幼机构的环境创设有一定的认知。

## 材料准备

托幼机构区域和大型环境创设图片、某一年龄班的环境创设图片。

## 任务实施

### 步骤一 知识准备

### 一、托幼机构环境的概念及其重要性

托幼机构的环境包括物质环境和精神环境。物质环境是指托幼机构内的建筑物以及室内外各种设施、设备和用具。精神环境是指对幼儿教育产生直接影响的社会心理环境。物质环境是支撑幼儿身心发展的基础，精神环境是幼儿保教工作顺利进行的重要保证。

托幼机构的良好环境对幼儿有重要意义。幼儿的情绪情感处在不稳定的初级发展期，良好的物质环境和精神环境可以给幼儿轻松、愉悦的情感体验，从而发展其积极向上的情绪情感。环境是托幼机构的一项隐性课程，创设与幼儿生活、教育相适应的良好环境，是促进幼儿实现全面发展的必然要求。托幼机构的各种物质环境和精神环境因素，如人际关系、教育者的期望等都是引发幼儿学习兴趣和动机的因素。

## 二、托幼机构物质环境和精神环境的创设要求

### （一）托幼机构物质环境的创设要求

1. 常规要求

（1）适合幼儿年龄。物质环境应让幼儿感到身心舒适、便利，愿意长时间在其中活动。这需要做到温度、湿度、光线适宜，设施、材料适合，区域设置动静结合等。

（2）适合幼儿数量。空间设置和材料的提供应考虑幼儿数量，环境刺激要丰富适度，避免材料数量过多或过少而影响幼儿对环境的探索。

（3）安全健康。保证安全健康是托幼机构一切工作的前提。需要消除一切危及安全健康的因素，有利于幼儿充分、自主地活动，但切忌为了安全而处处设限。

（4）美观愉悦。物质环境应尽量保持整洁有序，不需要花费昂贵，只要精心制作和装扮，就能让幼儿感觉舒心、愉快，发挥环境的陶冶作用。

（5）弹性可变。物质环境要根据幼儿的年龄及个性需求进行调整，设施、设备、物品、材料等最好便于改变，适配幼儿的成长需要。

（6）功能全面。物质环境的创设应有利于促进幼儿全面发展，既要为幼儿提供进行锻炼的空间和材料，也要提供进行感知训练的材料，以及供幼儿进行人际交往的条件。

2. 室内区域环境的创设

托幼机构在创设区域环境时，要考虑布局、材料、物品摆放及人员分工，满足幼儿活动需要。不同区域的功能及创设要点如下。

（1）运动区域。运动区域有助于幼儿感知运动能力、自我意识、健康心理和社会性的发展，要保证一定的活动空间，可投放用来爬、钻、跳、拉、绕障碍走等的设备和材料，如小型滑梯、小型攀登架、各种拖拉玩具等。

（2）认知区域。认知区域有助于幼儿小肌肉的发育，能提高其感知能力、操作探索能力，并能丰富幼儿的多种经验。区域内可提供的材料包括串珠、拼图、套桶、敲打玩具、分类玩具、拆装玩具、大小不同的容器等。

（3）艺术区域。艺术区域有助于幼儿感知觉的发展和艺术潜质的挖掘，可提供的材料包括开展美术活动的画册、涂鸦工具、撕贴材料、工作服、半成品材料等，开展音乐活动的打击乐器、乐谱、音乐播放设备等。

（4）阅读区域。阅读区域有助于幼儿认知、语言、表演和社会性情感的发展。区域需光线充足、相对安静，要有不同类型的书籍，配备录音机、表演头饰等，还可以利用软靠垫、小地毯等创设更加舒适、温馨的环境。

（5）想象装扮区域。这一区域有助于幼儿社会性情感、交往能力、想象力和创造力的发展。基本材料应包括可以模拟生活经验的物品，如家具、娃娃等，还可以提供玩具厨具、玩具医疗用品，以及服装、配饰等物品。

3. 室外大型活动环境的创设

室外大型活动环境主要有种植园、养殖园、室外运动区和沙水池等，如图 1-2-2-1 和图 1-2-2-2 所示。

图 1-2-2-1　室外运动区

图 1-2-2-2　室外沙池

（1）种植园。种植园有助于幼儿观察能力的发展，还可以激发幼儿的探索欲望与好奇心，培养幼儿爱护植物、热爱生命的感情。种植园可以根据季节，提供让幼儿观察、感知、探索的植物，如花、草、蔬菜、瓜果等。

（2）养殖园。养殖园有助于丰富幼儿的认知体验，增强幼儿对小动物的观察兴趣，培养幼儿观察的意识和能力以及对小动物的热爱之情。养殖园可以养小兔子、小鸡或蚕等，为幼儿提供喂养、观察小动物的机会。

（3）室外运动区。室外运动区有助于发展幼儿的大动作能力，增强幼儿的运动协调能力。环境创设应选择安全、宽敞的场地，区域分隔合理；便于幼儿进行大运动的材料应丰富、耐用，最好能提供塑胶场地，能设置私密空间（如小帐篷、小房子）以供幼儿休息。

（4）沙水池。沙水池有助于培养幼儿的感知能力，激发幼儿体验和探索的积极性和好奇心。材料主要是玩沙、玩水的工具，如铲子、模具等。

## （二）托幼机构精神环境的创设要求

1. 尊重与理解

在生活上给予幼儿更多的关爱，特别要从幼儿身心特点出发，理解幼儿的情绪和行为，减少包办和干预。当他们确有需要时，保育老师可通过提问、建议、商量等方式给予指导，合理地引导幼儿学习解决问题的方法。

2. 宽松与平等

宽松与平等的心理氛围会让幼儿感到安全。保育老师应尽量减少或避免对幼儿的约束，给他们更多的自由空间；努力做幼儿游戏的观察者、参与者和促进者，并注重在游戏中培养幼儿的良好习惯和能力，丰富他们的经验。

3. 交流与等待

交流是连接保育老师和幼儿情感的纽带，有助于保育老师把握幼儿特点，采取针对性的措施。保育老师要尊重幼儿的个体差异，当他们的表现达不到要求时，要能耐心等待，顺应他们的发展水平。

4. 鼓励与期待

保育老师要多鼓励幼儿，对其行为抱以积极的期待，引导幼儿逐渐树立信心，进而形成积极的情绪情感。

## 三、不同年龄班的学习环境创设要点

### （一）3 岁以下幼儿亲子活动材料的选择与投放

1. 亲子活动材料选择与投放的原则

（1）安全性。安全是幼儿活动的第一原则，选择的活动材料应卫生、无毒、无异味、无尖角，不会对幼儿造成伤害。

（2）趣味性。亲子活动的主要目的在于通过幼儿与家长的互动游戏，促进幼儿的全面发展。因此，活动材料的选择要充分考虑幼儿的兴趣。

（3）丰富性。亲子活动材料的种类应丰富，材料数量应足够，前者能够确保幼儿各方面都得到健康发展，后者能确保每个幼儿和家长都能顺利进行活动。

（4）层次性。亲子活动材料的选择与投放应保证活动操作由易到难。一直投放较简单的材料，幼儿会逐渐失去兴趣；一开始就投放难度高的材料，则会打击幼儿活动的信心。

2. 亲子活动材料的选择依据

（1）根据不同活动主题选择材料。亲子活动有不同的活动主题，以此发展幼儿各方面的能力，在亲子活动中选择材料要遵循以实际主题内容为根本的原则，一般活动中需要投放的材料为 2 ～ 5 种，不宜过多。

（2）根据不同年龄段选择材料。材料的选择要遵循幼儿的年龄特点，满足幼儿的兴趣需要。例如，针对 1 ～ 2 岁的幼儿，推荐套环、套筒、串珠类、积木类、拖拉类、图画书类玩具，以促进幼儿动作进一步发展，训练手部精细动作。针对 2 ～ 3 岁幼儿，推荐积木、积塑拼插玩具和早期启蒙玩具等，这些玩具应能让幼儿很好地发挥主动性、启发创造性。

◎育婴专栏

表 1-2-2-1　不同月龄婴儿的玩具材料推荐

| 月龄 | 推荐玩具 | 选择要点 |
|---|---|---|
| 0 ~ 3 个月 | 音乐旋转或拉响玩具，能发出悦耳声音的花铃棒、拨浪鼓，在婴儿床上方悬挂彩色气球、形象丰富的小娃娃或小动物等 | 造型优美、色彩鲜艳 |
| 4 ~ 6 个月 | 各种摇铃、床铃、会响的橡胶玩具等 | 能发声、会动、有不同质感 |
| 7 ~ 9 个月 | 不倒翁、充气小帆船、球类、宝宝车等 | 经得起摔、甩、敲 |
| 10 ~ 12 个月 | 动物玩具、汽车、电话、小推车等 | 能锻炼认知和行动等能力 |

## （二）小班幼儿学习环境的创设要点

### 1. 整体生活化

刚入小班的幼儿离开呵护他们的家长，易有情感缺乏感，而熟悉的生活环境能使幼儿较快地适应生活。因此，小班环境创设应呈现家庭式的生活氛围，即温馨、柔和、熟悉和方便，如图 1-2-2-3 所示。

图 1-2-2-3　环境生活化

### 2. 保障安全性

小班幼儿的动作不协调，生活经验少，且肢体动作控制能力差，因此创设环境时一定要注意其安全性。小班幼儿喜欢跑、跳，空间的合理安排能避免一些事故发生。

### 3. 取用方便性

小班幼儿的认知、动作发展水平比较低，在对环境进行利用时，一定要简单方便、可操作。幼儿是活动的主体，为幼儿设置的场地、投放的材料，要给幼儿留出一定的自由支配的空间，以方便幼儿取放。

4. 学习互动性

小班幼儿活动不能脱离情境，幼儿需要在不断的提示和启发下才能开展游戏，因此情境创设应充分体现互动性；教学活动的开展要将教学目标和内容实物化，使幼儿在与环境的互动中获得经验。

5. 色彩艺术性

小班幼儿的注意以无意注意为主，因此，小班环境整体上要体现出美感。色彩搭配方面尽量选择红、黄、蓝、绿这些为小班幼儿所认识、接受的大色块，但同时要注意需要有明显的主体色。

6. 指导亲和性

小班幼儿需要逐渐适应幼儿园的环境。因此，幼儿园应创设充满关爱、温馨的心理环境，让幼儿感受到集体的温暖，喜欢上集体生活。教师要通过生动的语言、轻柔的动作、温柔的话语，尽可能满足幼儿的情感需要。

### （三）中班幼儿学习环境的创设要点

1. 材料更丰富

中班幼儿运动机能有了很大发展，好奇心和求知欲强，更活泼好动。因此，环境创设应丰富材料类型，如塑料、玻璃、陶瓷、木材等；丰富材料形态，体现在形状、长短、大小、轻重、颜色等方面；功能上一物多玩、涉及多个领域等，如既有数字又有图片的积木等。

2. 色彩更柔和

中班幼儿精细动作进入最快发展时期，其手指的灵活性更强，且幼儿活泼好动的特性更为突出，愿意与保育老师一起布置环境，因此，应让幼儿一起参与环境创设。色彩可以不如小班那么鲜艳亮丽，要更柔和自然。

3. 参与性更强

中班幼儿活泼好动，乐于参与环境创设。保育老师可根据幼儿的兴趣以及季节、节日等设置主题，让幼儿参与，增强环境的动态性，满足幼儿心理需求，如发动幼儿从家里带来不同的植物以布置班级的植物角等，如图 1-2-2-4 所示。

图 1-2-2-4　参与植物角创设

### （四）大班幼儿学习环境的创设要点

1. 凸显参与主体地位

大班幼儿的动作、语言、思维、问题解决能力进一步发展，在环境中的参与程度逐步提高。因此，大班环境创设要充分体现幼儿的主体参与性，并给予幼儿评价机会，如让幼儿参与材料的收集或制作，参与规则的制定等。

2. 满足需求并保障安全

大班幼儿身体机能快速发展，但他们经验不足，对危险仍缺乏判断能力。因此，大班环境创设既要为幼儿提供丰富的、多层次的材料和设备以及足够的活动空间和时间，也要明确规则，指导幼儿安全使用材料和设备，并要定期检修。

3. 做好入小学的准备

大班幼儿即将由幼儿园步入小学，幼儿对小学既好奇和期待，又有些许担忧和紧张。对此，幼儿园应为幼儿入小学做好准备，大班应创设与小学相似的环境，帮助幼儿做好知识、技能与心理上的准备。

## 步骤二　活动提升

1. 将收集的托幼机构室外大型环境创设的相关图片粘贴在表 1-2-2-1 中，并在小组内分享、讨论。

环境创设图片案例参考

表 1-2-2-1　托幼机构室外大型环境创设案例分享表

| 项目 | 具体内容 | | | |
|---|---|---|---|---|
| 图片展示 | | | | |
| 所属类型 | | | | |
| 对幼儿的作用 | | | | |

2. 将通过网络查找或到托幼机构观察的不同年龄班学习环境创设的图片进行整理，并结合不同年龄班环境创设的特点，在小组内进行举例说明。

## 步骤三　任务评价

| 评价项 | 评价要点 | 自我评价 | 小组评价 |
|---|---|---|---|
| 托幼机构室外大型环境创设案例分享与讨论 | 图片收集案例多样（0 ~ 20 分） | | |
| | 所属类型归类正确（0 ~ 10 分） | | |
| | 对幼儿作用表达正确（0 ~ 10 分） | | |
| | 语言整体表达流畅（0 ~ 10 分） | | |
| 不同年龄班环境创设及举例说明 | 图片收集案例多样（0 ~ 20 分） | | |
| | 所属特点举例正确（0 ~ 20 分） | | |
| | 语言整体表达流畅（0 ~ 10 分） | | |
| 本任务最后得分（总分 100 分） | | | |

说明：小组各成员进行自我评价，小组评价由小组长和其他成员讨论后评价。本任务最后得分（分）= 自我评价得分 ×40% + 小组评价得分 ×60%。

项目测试 1–2

模块二

MODULE 2

# 3 岁以下幼儿早期学习促进

## 知识导图

- 3 岁以下幼儿早期学习促进
  - **3 岁以下幼儿动作发展促进**
    - 3 岁以下幼儿动作发展促进认知
    - 3 岁以下幼儿粗大动作发展促进
    - 3 岁以下幼儿精细动作发展促进
  - **3 岁以下幼儿语言、认知、情感和社会性发展促进**
    - 3 岁以下幼儿语言发展促进指导
    - 3 岁以下幼儿认知发展促进指导
    - 3 岁以下幼儿情感和社会性发展促进指导

项目一

# 3岁以下幼儿动作发展促进

## 项目导入

人类的动作十分之八九是习惯，而这种习惯又大部分是在幼年养成的，所以在幼年时代，应当特别注意习惯的养成。

——陈鹤琴

熟悉3岁以下幼儿运动系统发展的特点，有助于教养人科学地对幼儿开展动作促进工作。3岁以下幼儿的动作发展包括粗大动作发展和精细动作发展。教养人要能为幼儿提供促进动作发展的机会，除了采用“三浴”（空气浴、日光浴、水浴）方法外，还可以利用游戏活动促进幼儿动作发展。

## 学习目标

◎知识目标

1. 熟悉3岁以下幼儿动作发展保育要点、指导建议，以及“三浴”促进操作。
2. 理解3岁以下幼儿不同动作发展的训练指导要点、游戏活动设计注意事项。

◎能力目标

1. 能收集促进幼儿运动系统发展的游戏，并能结合保育要求对游戏进行初步分析。
2. 能选择或仿编3岁以下幼儿动作发展训练的游戏，并能进行模拟训练。

◎素质目标

1. 通过3岁以下幼儿动作发展的要求以及“三浴”操作，具备科学的工作理念。
2. 通过对3岁以下幼儿动作发展训练方法的学习与游戏仿编，提升创新能力。

# 任务一　3 岁以下幼儿动作发展促进认知

## 任务情景

有些家长早早地就对幼儿进行各项动作训练，甚至过多地对幼儿进行训练。3 岁以下幼儿动作发展促进的正确理念有哪些？

## 任务目标

通过进行“三浴”相关的模拟操作，对 3 岁以下幼儿的动作发展促进进行认知。

## 材料准备

娃娃模型、大毛巾、浅色毛巾或浅色帽子、娃娃短衫和短裤、尿布、糖盐水、杯子、汤匙。

## 任务实施

### 步骤一　知识准备

### 一、3 岁以下幼儿动作发展促进的保育要点及指导建议

《托育机构管理规范（试行）》指出，在保育管理方面，“托育机构应当以游戏为主要活动形式，促进婴幼儿在身体发育、动作、语言、认知、情感与社会性等方面的全面发展”“托育机构应当保证婴幼儿每日户外活动不少于 2 小时，寒冷、炎热季节或特殊天气情况下可酌情调整”。《托育机构保育指导大纲（试行）》给出了幼儿动作发展的保育要点和指导建议，具体如下。

#### （一）3 岁以下幼儿动作发展的保育要点

1. 针对 1 ~ 2 岁的幼儿

鼓励幼儿进行形式多样的身体活动，为幼儿提供参加爬、走、跑、钻、踢、跳等活动的机会；提供多种类活动材料，促进涂画、拼搭、叠套等精细动作发育；鼓励幼儿自己喝水、用小勺吃饭、自己翻书等。

2. 针对 2 ~ 3 岁的幼儿

为幼儿提供参加走直线、跑、跨越低矮障碍物、双脚跳、单足站立、原地单脚跳、上下楼梯等活动的机会；提供多种类活动材料，促进幼儿搭建、绘画、简单手工制作等精细动作发育；鼓励幼儿自己用水杯喝水、用勺吃饭、协助收纳等。

### （二）3 岁以下幼儿动作发展的保育指导建议

在各生活环节中，创造丰富的身体活动环境，确保活动环境和材料安全、卫生；充分利用空气、日光和水等自然条件进行身体锻炼，保证充足的户外活动时间；安排类型丰富的活动和游戏，并保证每日有适宜强度、频次的大运动活动；做好运动中的观察及照护，避免发生伤害；关注患病幼儿，对处于急慢性疾病恢复期的幼儿，及时调整活动强度和时间；发现运动发育迟缓幼儿，给予针对性指导，及时转介。

## 二、日常生活中促进 3 岁以下幼儿动作发展的方法

幼儿动作的早期发展主要在家庭中完成，需要教养人运用科学养育的新观念，采取多种形式来促进幼儿的动作发展，如“三浴”、游戏等。在日常生活中，可充分利用各种自然因素，如通过空气、日光和水进行促进。

婴儿抚触

### （一）空气浴

1. 空气浴对幼儿的意义

空气浴是通过让幼儿吸入新鲜空气，通过气温和体表温度之间的差异形成刺激，进而作用于幼儿身体的。空气浴能促进幼儿机体新陈代谢，使其皮肤和呼吸道得到锻炼。另外，空气的温度与皮肤表面的温度差所形成的刺激，能促使幼儿自身进行温度调节，进而增强机体对外界温度变化的适应能力，增强心血管系统的活动能力，减少患呼吸道疾病的风险。

2. 空气浴的天气条件

空气浴可以在以下温度条件下进行：寒冷的温度范围为 0℃～ 14℃，低温的温度范围为 14℃～ 20℃，温暖的温度范围为 20℃～ 30℃。锻炼应结合实际情况进行。

（1）从气温上考虑。可先从温暖的温度开始，逐步过渡到低温，最后达

到寒冷的温度。

（2）从季节上考虑。最好从夏季开始，逐渐过渡到秋季，再到冬季，这样可使幼儿适应气温从热到温到冷的变化。

（3）从室内、室外环境上考虑。空气浴一般先在室内进行，室温不低于20℃，逐渐减少衣服，使幼儿身体尽可能与空气直接接触，整个过程为期7～10天，适应后可移至室外进行。当气温在25℃以上时，也可去室外进行锻炼。但如果为大风或温度过高的天气，则不宜在室外进行空气浴。

3. 空气浴的操作重点

（1）室内进行空气浴。房间先开窗通风，但应避免对流风直接吹向幼儿。幼儿应穿单薄、肥大的短衫、短裤，裸露四肢。注意：在室内进行空气浴时，室温宜逐渐下降，一般每3～4天下降1℃，使幼儿有一个适应的过程；逐渐减少衣服，使幼儿身体尽可能与空气直接接触，尽量裸露；时间最初可为5分钟，以后逐渐延长到10～15分钟，如果结合游戏等活动，可延长时间，最长可达2小时。

（2）室外进行空气浴。先从裸露四肢开始，逐渐至裸露全身。不会行走的幼儿可坐在推车里，行动自如的幼儿可结合主动操及活动性游戏进行。

4. 空气浴的注意事项

（1）准备的注意事项。环境应干净、整洁、安全，温度适宜。教养人要根据季节、天气变化以及幼儿的身体和情绪等情况合理安排锻炼。当室温降到14℃以下时，不宜进行空气浴；室温超过30℃时也不宜进行。锻炼时，教养人应与幼儿交流沟通，以取得幼儿的配合。身体特别虚弱或患病的幼儿，应禁止对其进行空气浴。教养人着装应整洁，应摘下首饰，剪短指甲，洗净双手。

（2）过程中的注意事项。教养人应密切观察幼儿的精神、情绪及身体状况。如果幼儿出现皮肤发紫、面色苍白或肢体发冷等情况，应停止锻炼。教养人应让幼儿充分休息，采取保暖措施，并让幼儿饮用适量温开水。

（3）结束后的注意事项。夏季时，锻炼每日进行1次，做完后可冲洗或淋浴，冬季做完后必须用干毛巾为幼儿擦干身体，注意保暖。

### （二）日光浴

#### 1. 日光浴对幼儿的意义

日光中的紫外线照射于皮肤，能使皮肤中的 7- 脱氢胆固醇转变为内源性维生素 D，帮助机体吸收食物中的钙和磷，增进机体骨骼的生长，有助于防治维生素 D 缺乏性佝偻病。另外，日光浴能促进身体皮肤血管扩张，增强体内血液循环，锻炼心肺功能，从而促进幼儿的生长发育。

#### 2. 日光浴的适宜条件

（1）温度条件。日光浴的气温以 20℃～ 24℃为宜。温度过高的季节不宜进行日光浴，冬季应根据气候变化和幼儿体质灵活掌握。因为紫外线在玻璃上的透过率仅为 20.3%，所以冬季不宜隔着玻璃窗对幼儿进行日光浴，应尽量使日光直接照射幼儿的身体，这样才能切实达到日光浴的效果。

（2）时间条件。不同季节进行日光浴的适宜时间不同。夏季时，南方以上午 8 ～ 10 时为宜，北方以上午 9 ～ 11 时、下午 3 ～ 5 时为宜；春季、秋季可在上午 10 ～ 11 时进行；冬季以上午 11 ～ 12 时为宜。

（3）衣着要求。夏季时，幼儿可裸体进行日光浴，但头上要戴浅色帽子，要避免日光直射眼睛；春季、秋季时，气温在 20℃～ 24℃时可穿短衣裤；冬季时，幼儿可以穿不太厚的棉衣，锻炼时露出头面部及手臂，但应避免日光直接照射头面部，可用白色毛巾、遮阳帽等遮盖头部和眼部。

#### 3. 日光浴的操作重点

（1）室内进行日光浴。根据季节给幼儿穿合适衣裤。打开窗户让阳光照进房间，避免对流风直吹幼儿，最好选择在无风时进行。日光照射从幼儿身体的下部往上部进行，先从脚腕开始，再到膝盖，适应后再照射腹部，最后到脖颈以下的全身，包括背部。

（2）室外进行日光浴。室外进行日光浴的具体操作与室内相同，但需要选择清洁、干燥、绿化好、空气流通、无较强光的场所。不会独立行走的幼儿可坐在推车里，行动自如的幼儿可结合主动操及活动性游戏进行。

日光浴结束后，教养人应及时用干毛巾为出汗的幼儿擦干身体。夏季做完锻炼后，教养人应为幼儿冲洗或淋浴，然后帮其擦干身体。

#### 4. 日光浴的注意事项

（1）环境应干净、整洁、安全、温度适宜。教养人要根据季节、天气变化，以及幼儿的身体和情绪等情况合理安排锻炼。

（2）锻炼时，幼儿的身体、精神状况应良好，教养人应与幼儿适当交流，以取得配合。

（3）教养人应着装整洁，摘下首饰，剪短指甲，洗净双手。

（4）幼儿空腹或早餐后 1 小时内不宜锻炼，锻炼结束后也不宜立即进食。

（5）要密切观察幼儿的精神、情绪状况，以及脉搏、呼吸、出汗和皮肤等身体状况。若幼儿表现出虚弱或烦躁等症状，应立即停止锻炼，要让幼儿在室内休息，适当给幼儿补充糖盐水，并随时观察幼儿的反应。

### （三）水浴

#### 1. 水浴对幼儿的意义

水浴利用水的机械作用和水的温度刺激皮肤，能使机体血管收缩或舒张，促进血液循环和新陈代谢，增强机体对温度变化的适应能力。

#### 2. 不同形式的水浴

（1）温水浴。温水浴一般以 37℃～38℃为宜。冬、春季每日 1 次，夏、秋季可每日 2 次，在水中时间为 7～12 分钟。浴后可用凉一些的水（33℃～35℃）冲淋，随即擦干，用温暖毛巾包裹，穿好衣服。冬季要注意室温、水温，做好浴前的准备工作，以免着凉。

（2）冷水浴。冷水浴主要有冲浴和淋浴两种方式，最好从夏季开始。2 岁左右的幼儿可开始用冷水浴。浴前先准备好物品：盆里放好温水、一块大毛巾。前期可先用凉水洗手、洗脸作为过渡，开始时水温可以高至 35℃，以后每 3 天降 1℃，逐渐降至 28℃左右（室温保持在 22℃左右）。冲浴时，幼儿站立于有少量温水的浴盆中，教养人提起灌了冷水的喷水壶冲淋，按照“上肢—胸背—下肢”的顺序操作。冲淋时不可冲头部，动作要迅速。淋浴时，水温与冲浴相同，但淋浴喷头不宜高过幼儿头顶 40 厘米。浴后用较冷的水（28℃左右）冲淋，随即用毛巾擦干、包裹身体，穿好衣服。

（3）擦浴。擦浴时室温在 20℃以上，夏季可在室外进行。开始时水温可为 32℃～33℃，待幼儿适应后，每隔 2～3 日降温 1℃，可逐渐降至 24℃。具体操作时，教养人先将吸水性强且软硬适中的毛巾浸入水中，拧至半干，然后在幼儿四肢做向心性擦拭，擦后再用干毛巾擦至皮肤微红。

（4）游泳。游泳是幼儿最佳的水浴方式，不仅可以促进幼儿触觉的发育，还能提高其肢体协调能力。有游泳条件的幼儿可从小训练，教养人在旁看护，注意选择地势平坦、水质清洁、附近无污染源的地方或游泳池。水温应控制在 30℃～32℃。夏季室温应保持在 22℃～24℃，冬季室温应保持在 26℃～28℃。幼儿游泳宜在进食 1 小时后进行，每次时间约 10 分钟，适应后可根据情况延长至 20～30 分钟，每天不超过两次。主要操作步骤如下：教养人将幼儿的衣服脱下，用浴巾包裹幼儿，用毛巾擦洗其面部及耳后，清洗幼儿头部，用毛巾擦干。教养人一只手托住幼儿的腋窝，另一只手扶着幼儿下肢，使幼儿身体保持直立，缓慢地将其放入水中。注意：为防止幼儿受到惊吓，幼儿刚入水时，可轻轻地拉着幼儿的手，待其适应后再慢慢松手。

3. 水浴的注意事项

（1）准备的注意事项。环境整洁、安全，温度适宜。幼儿的身体、精神与情绪良好，空腹或早餐 1 小时内不宜锻炼；冷水浴或游泳前要做预热活动；教养人应与幼儿适当交流，以取得配合。教养人要注意个人卫生，着装整洁，摘下首饰，剪短指甲，洗净双手。

（2）过程中的注意事项。在进行锻炼的过程中，教养人要密切观察幼儿的精神、情绪状况。若幼儿感觉寒冷或有寒战表现，应立即停止锻炼，擦干身体，给予保暖和室内休息，适当让其口服温开水或糖水，并随时观察。

（3）结束后的注意事项。水浴结束后，随即用毛巾擦干幼儿的身体，包裹毛巾，穿好衣服。锻炼结束后，幼儿不宜立即进食。

## 步骤二　活动提升

1. 空气浴模拟操作

（1）口述空气浴的概念与意义。

（2）操作并说明空气浴的要点，主要如下。

①准备工作。要点：教养人检查温度，修整指甲，清洁双手；给幼儿换好尿布，穿短衣裤，说明饥饿情况，脱去外衣。

②室内操作。要点：先裸露幼儿四肢进行锻炼，然后让其赤身进行锻炼；结合主动或被动操进行；过程中与幼儿进行沟通。

③结束锻炼。要点：用大毛巾保暖。

2. 日光浴模拟操作

（1）口述日光浴的概念与意义。

（2）操作并说明日光浴的要点，主要如下。

①准备工作。要点：教养人检查温度，着装整洁，修整指甲，清洁双手；给幼儿换好尿布，穿短衣裤，头戴浅色毛巾或浅色帽子，说明幼儿饥饿情况。

②室内操作。要点：打开窗户让日光照进房间，日光照射从幼儿身体的下部往上部进行，最后到脖颈以下的全身，包括背部；与幼儿适当交流。

③虚弱反应处理。要点：停止锻炼，让幼儿休息，补充糖盐水，注意观察。

④结束后的操作。要点：及时用干毛巾擦干身体。

## 步骤三　任务评价

| 评价项 | 评价要点 | 自我评价 | 小组评价 |
|---|---|---|---|
| 空气浴模拟操作 | 概念与意义口述正确（0 ~ 10 分） | | |
| | 教养人与幼儿准备全面、正确(0 ~ 10 分） | | |
| | 室内操作正确（0 ~ 20 分） | | |
| | 结束后操作正确（0 ~ 10 分） | | |
| 日光浴模拟操作 | 概念与意义口述正确（0 ~ 10 分） | | |
| | 教养人与幼儿准备全面、正确(0 ~ 10 分） | | |
| | 室内操作正确（0 ~ 10 分） | | |
| | 对虚弱反应处理正确（0 ~ 10 分） | | |
| | 结束后操作正确（0 ~ 10 分） | | |
| 本任务最后得分（总分 100 分） | | | |

说明：小组各成员进行自我评价，小组评价由小组长和其他成员讨论后评价。本任务最后得分（分）= 自我评价得分 ×40% + 小组评价得分 ×60%。

# 任务二 3 岁以下幼儿粗大动作发展促进

## 任务情景

23 周的米粒儿经过一段时间的练习，已经学会了翻身，但是她从不主动翻身。家长应该如何帮助她翻身？还有哪些促进幼儿后续动作发展的训练方法？

## 任务目标

通过对 3 岁以下幼儿的粗大动作进行游戏模拟训练、仿编，掌握 3 岁以下幼儿粗大动作发展的促进方法。

## 材料准备

3 岁以下幼儿粗大动作发展训练游戏、某一年龄段幼儿粗大动作发展观察记录。

## 任务实施

### 步骤一 知识准备

### 一、3 岁以下幼儿粗大动作训练的基本要求

#### （一）顺应动作发展

幼儿动作发展具有阶段性和连续性，教养人要顺应幼儿动作发展规律，适应幼儿机体发展需要，循序渐进地开展相应活动，不能拔苗助长，切忌盲目提早训练。

#### （二）活动内容适宜

幼儿的一次活动时间不宜太长，要根据幼儿的年龄和个体差异安排，切忌与他人攀比。活动过程中，教养人要给幼儿快乐的体验，并通过语言与幼儿沟通。教养人应能满足幼儿充分活动肢体的需要，支持、鼓励并大胆放手让幼儿在活动中发展粗大动作。

### （三）在游戏中促进发展

游戏是幼儿最主要的活动方式，促进幼儿粗大动作发展也需要在游戏中完成。教养人要将运动设计成有趣的游戏，让幼儿在游戏的同时得到锻炼。

### （四）渐进融入技巧动作

随着幼儿年龄的增长，教养人要结合其大肌肉发展的特点，引导幼儿学习一些复杂的动作和带有技巧性的动作，如跳、跑、平衡、踢球等，以锻炼幼儿肢体的灵活性。

### （五）注意活动安全

教养人在开展各项活动时，要把安全放在首位：一是提供的活动环境要柔软、舒适；二是活动时注意保护好幼儿的身体部位，避免磕碰和拉伤；三是要注意每个活动方案的开展都要以幼儿身体某项动作的成熟为前提条件。

## 二、3 岁以下幼儿粗大动作训练的基本方法

### （一）行走训练（12 ～ 24 个月）

幼儿行走动作的出现是其全身大动作发展的重要飞跃。对于初学走路的幼儿，教养人一定要做好保护，以免幼儿意外受伤。训练方法如下。

#### 1. 移步行走

教养人扶着幼儿腋下，让幼儿背对自己，双脚踩在自己的脚背上，左右交替向前迈步。一段时间后，教养人可扶住幼儿腋下，让幼儿背对自己，双脚踩在地上，练习自己迈步向前行走。

#### 2. 扶东西走

教养人让幼儿扶着沙发、家具或墙壁移步横走，然后鼓励其放开手走 2 ～ 3 步。

#### 3. 推小车走

教养人让幼儿扶着学步用的推车，自己在前方逗引，鼓励幼儿双手扶小车练习向前走。

#### 4. 独走

教养人面向幼儿，在离幼儿约 1 米处，伸开双手短距离进行接应，鼓励其学会独走，之后慢慢延长距离。教养人也可面对面拉着幼儿的手往后退，引导幼儿朝前走，从一起走到逐渐松手，最后让幼儿自己走。

5. 拖玩具走

教养人出示拖拉玩具以吸引幼儿的注意，告诉幼儿玩具的名称，并向其示范拉着玩具往前走的过程，然后让幼儿拖着玩具练习走路。教养人也可设置一些小障碍物，让幼儿学习拉着玩具侧着走或转弯走。

### （二）跑的训练（18 ~ 36 个月）

跑的训练可以增强幼儿腿部肌肉的力量和耐力，增进幼儿身体协调与运动能力，提高幼儿运动的灵敏度。其基本方法如下。

1. 逗跑

教养人上体正直、肩放松，两臂前后自然摆动，以示范小步跑的动作，然后找一个长度 5 米左右的场所，带领幼儿一起朝前跑。教养人也可先用力向前滚动一只球，或放置一个能移动且带响声的玩具，与幼儿一起跑动争抢球或玩具。

2. 追跑

教养人在幼儿前方跑，逗引幼儿追跑，或者和幼儿玩“你追我跑”的游戏。

### （三）跳的训练（18 ~ 36 个月）

跳的训练可以增强幼儿腿部的支撑力和跳跃能力，提高动作的敏捷性和控制力，培养幼儿勇敢的精神。训练基本方法如下。

1. 扶跳

教养人从幼儿背后用双手扶住其腋下，让幼儿站在有一定弹性的蹦床上，做自由屈膝、向上跳跃的动作。

2. 拉手跳起

教养人先示范双脚往上跳的动作（双腿并拢、屈膝，双脚同时向上跳起，双脚前脚掌同时落地），然后与幼儿面对面，拉着幼儿的双手，和幼儿一起跳。待幼儿熟悉后，教养人可以让幼儿一手扶住自己或扶住其他物体，原地双脚向上跳跃。

3. 跳下台阶

选择一处楼梯，教养人先站在倒数第二级台阶，示范跳下台阶的动作（双腿并拢、屈膝，跳起时双臂摆动助力向前跳起，双脚的前脚掌同时落地），然后让幼儿学习。教养人也可与幼儿相对站立，拉着幼儿的双手，鼓励幼儿跳下台阶。

4. 立定跳远

教养人示范做小兔子或小青蛙等小动物的跳跃动作，即双脚并拢，双腿弯曲，身体略向前倾，用力向前跳，然后引导幼儿做相应动作。

（四）平衡训练（24 ~ 36 个月）

平衡训练可以增强幼儿的平衡能力和控制能力，促进幼儿视觉与动作的协调性，提高幼儿的感觉统合能力。其基本方法如下。

1、走小路

教养人在地板上画出与幼儿肩膀等宽的两条平行线作为一小路。教养人先示范，即一脚在前、一脚在后，呈一条直线地走小路，走到尽头后再转身回来，然后引导幼儿尝试。根据幼儿的发展水平，教养人可逐渐缩小两条线之间的距离，也可以在中间加上一些障碍物，激发幼儿训练的兴趣，使幼儿练习更难的动作。

2. 走独木桥

教养人选一条长 150 ～ 200 厘米、宽 20 ～ 25 厘米的木板，放在地上，让幼儿在木板上来回行走。一开始，幼儿如果走不稳，教养人可以帮助幼儿保持平衡。待幼儿走稳后，教养人可以把木板垫高 10 ～ 20 厘米，让幼儿在上面行走。教养人可用语言如“过桥了，过桥了……”等来提高幼儿练习的兴趣。

## 三、3 岁以下幼儿粗大动作发展训练的游戏活动设计与案例

（一）游戏活动设计注意事项

托育机构可根据幼儿的个体差异和条件限制，合理设计相应的训练游戏。但在设计的过程中，有以下几点需要注意。

1. 提供充足的运动空间

在有条件的情况下，可以建立一个幼儿专属的“运动空间”。例如，对于逐渐学会爬和走的幼儿，可以利用围栏在墙角、床边、沙发等区域围出一片特定的空间，垫上柔软的垫子，任由幼儿在其中玩耍并练习动作。

2. 考虑幼儿的情绪

采用游戏训练的目的是让幼儿在训练过程中体验游戏的愉悦。由于幼儿个体存在差异，在选择游戏时要关注幼儿的情绪变化，同时要保证幼儿处

于较好的状态（如吃饱，睡足，没有生病，没有紧张、害怕等情绪）。

3. 控制游戏训练的速度

幼儿动作的发展是循序渐进的过程，每一个新动作的发展都是建立在熟练掌握前一个动作基础上的。训练要配合幼儿动作发展的速度，不可操之过急。例如，跳过爬行训练而直接进行走路训练，也可让幼儿逐渐掌握走的动作，但直接进行走路训练的幼儿在走的协调性和稳定性上不及前者。

4. 合理使用玩具

一方面，选择幼儿喜欢的玩具能够提高幼儿参与训练的兴趣。另一方面，根据幼儿动作发展的特点选择合适的玩具，有助于幼儿综合能力的训练。例如，2～3岁的幼儿选用滑梯、转椅、蹦床、攀登架等较大型的玩具，既可以锻炼骨骼和肌肉，促进动作的发展，也能够发展身体的平衡性和灵活性，而攀爬等有一定难度的动作，能够培养幼儿自信、向上、勇敢的个性。

## （二）游戏活动案例

1. 促进“蹲、站、走”等的游戏活动

◎活动案例

**叶子飞**

活动目标：让幼儿练习行走、下蹲、复位的动作，锻炼幼儿的腿部肌肉力量，发展身体协调性，为稳定行走奠定基础。

活动准备：树叶若干，小篮子若干，宽敞的场地。

活动过程：教师示范踩在铺有落叶的地上，并让一位幼儿跟着一起踩落叶，让幼儿感受“嚓嚓”的声音。教师请家长带着幼儿一起踩一踩地上的落叶，让幼儿在踩踏的过程中，感受树叶“嚓嚓”的声音。家长引导幼儿捡起一片树叶，站起来用力往上抛，边抛边说“小叶子，飞啊飞”。

活动提示：要注意保护幼儿，当幼儿站不起来时，家长要适当给予搀扶。

活动延伸：家长可以将玩具分散放在地上，让幼儿将玩具逐一地放到桌子上。

2. 促进“跳”的游戏活动

◎活动案例

**跳跳采萝卜**

活动目标：促进幼儿的弹跳能力。

活动准备：塑料圈若干、萝卜模型若干、小筐一个。

活动过程：教师示范双脚跳跃动作，让幼儿一起进行练习。将塑料圈分两队排好，萝卜模型放在第一队的终点，小筐放在第二队的终点。教师进行示范，跳到第一队终点后拿上一个萝卜，再从另一队跳回，并将萝卜放在筐中。幼儿依次听口令进行跳跃练习。

活动提示：要控制好幼儿之间的距离，以免跳跃时因拥挤而碰伤。

活动延伸：到户外活动时可以进行一些跳跃练习，如可以模仿小袋鼠的活动。

## 步骤二　活动提升

1. 整理收集的幼儿粗大动作训练游戏，填入表 2–1–2–1 中，然后利用娃娃模型，或者采用口述形式进行游戏的模拟训练。

表 2–1–2–1　粗大动作训练游戏信息整理

| | |
|---|---|
| 游戏名称 | |
| 训练动作目标 | |
| 游戏过程 | |
| 注意事项 | |

2. 结合前述整理的游戏，仿编幼儿粗大动作训练的小游戏，并在小组内分享。

## 步骤三　任务评价

| 评价项 | 评价要点 | 自我评价 | 小组评价 |
|---|---|---|---|
| 幼儿粗大动作训练与游戏仿编 | 游戏收集任务完成（0 ~ 20 分） | | |
| | 游戏信息整理完成（0 ~ 20 分） | | |
| | 游戏模拟训练完成（0 ~ 20 分） | | |
| | 游戏内容仿编完成（0 ~ 40 分） | | |
| 本任务最后得分（总分 100 分） | | | |

说明：小组各成员进行自我评价，小组评价由小组长和其他成员讨论后评价。本任务最后得分（分）= 自我评价得分 ×40% + 小组评价得分 ×60%。

# 任务三 3 岁以下幼儿精细动作发展促进

## 任务情景

2 岁的灵儿活泼好动，她的小手喜欢碰碰这儿、摸摸那儿。灵儿的奶奶担心她出意外，对她严加看管。但灵儿的妈妈认为，应该在保证安全的基础上，让灵儿的小手动作自由发展。对于灵儿小手动作的促进，到底该怎么做？

## 任务目标

通过对 3 岁以下幼儿的精细动作进行游戏模拟训练、仿编，掌握 3 岁以下幼儿精细动作发展的促进方法。

## 材料准备

3 岁以下幼儿精细动作发展训练游戏、某一年龄段幼儿精细动作发展观察记录。

## 任务实施

### 步骤一 知识准备

### 一、3 岁以下幼儿精细动作训练的基本要求

#### （一）活动材料提供要丰富

教养人可以准备一些适合相应幼儿年龄的玩具，如嵌入、拼插玩具等，让幼儿操作和摆弄，以促进幼儿身体各部分肌肉的协调能力。随着幼儿能力的增长，教养人可以提供相对复杂的玩具，如描图，橡皮泥等。

#### （二）训练要融入幼儿生活

教养人要适时引导幼儿自己的事情自己做，使幼儿将精细动作的练习融入日常生活当中，这样既能帮助幼儿提升手指的灵活性，促进幼儿脑神经发育，又能对幼儿进行生活教育。

### （三）训练活动要安全

手部精细活动一定要考虑到安全与卫生，如玩具材料的选择是否安全，小的玩具材料要注意避免入口，活动完要及时洗手等。

## 二、3岁以下幼儿精细动作训练的常见方法及指导要点

### （一）3岁以下幼儿精细动作训练的常见方法

1. 手指协调抓握能力训练（7～18个月）

此训练能锻炼幼儿的手眼协调能力，发展幼儿拇指、食指和中指的捏取动作，提高幼儿手指活动的灵活性。常见方法如下。

（1）撕纸条。首先，教养人和幼儿相向坐好，然后教养人进行示范：将准备好的纸张撕开小口子，双手拇指和食指分别握着纸张的两边，一手往前一手往后，对捏撕纸。之后，教养人指导幼儿用双手的拇指和食指分别握着纸张的两边，一手往前一手往后进行撕纸。最后，教养人逗引幼儿用拇指和食指去拿捏撕下的纸条或纸屑。

（2）拾放玩具。教养人和幼儿各提一只小筐，筐中各放一些玩具。首先，教养人进行示范：把筐里的玩具倒在桌上，再将玩具一个一个地放回筐里。然后，教养人协助幼儿将玩具从小筐里倒出来，再引导幼儿将玩具一个一个地拾起，放进小筐里。注意：左手和右手都要进行训练。

2. 双手协作能力训练（12～36个月）

此训练能锻炼幼儿手的灵活性及双手的协调能力，增强幼儿的注意力。常见方法如下。

（1）穿珠子。给幼儿准备几个洞眼较大的珠子和一根较硬的细绳，细绳一端打上结，以防珠子滑落。首先，教养人向幼儿示范：一只手拿起一颗珠子，另一只手捏住细绳，对准珠子洞眼穿过，让细绳一端从珠子的另一头钻出来，教养人用拿绳子的那只手的拇指、食指捏提穿过珠子洞眼的绳。然后，教养人引导幼儿左右手配合穿珠子。注意：幼儿每穿好一颗珠子，教养人都要及时给予肯定，以提高幼儿的积极性。熟练后，教养人可以选择洞眼更小一些的珠子，或者换更软一些的细绳，以提升难度。

（2）绕毛线。教养人将一小团毛线的一端系在一个饮料瓶的中段，一只手握住瓶体的一端，另一只手抓住毛线团，示范围着瓶体绕毛线的动作。

待幼儿学会基本动作后，教养人可以引导幼儿绕几圈后换个方向再接着绕，或者将瓶子换成纸团练习。

3. 手腕部转动能力训练（12 ~ 36 个月）

此训练能锻炼幼儿的拇指和食指、中指小肌肉朝不同方向用力的能力，锻炼幼儿双手的协作能力和手的灵活性。常见方法如下。

（1）拧瓶盖。首先，教养人出示 1 个小瓶子，左手握住瓶体，右手拇指和食指、中指握住瓶盖，顺时针转动手腕，示范拧上瓶盖，再逆时针转动手腕，将瓶盖拧下。然后，教养人引导幼儿学习。待幼儿学会后，教养人可以为幼儿提供大小不一的瓶子，让幼儿进行练习。教养人还可以让幼儿为瓶盖配对，以游戏激发幼儿的练习兴趣。

（2）按图撕纸。首先，教养人准备几张白纸，用彩色粗线条画上一些物体形状。然后教养人示范按图撕纸的动作：用双手拇指和食指对捏住纸张上所画的物体，转动手腕，按线条把这些形状撕下来。之后，教养人指导幼儿按图撕纸，如果刚开始时幼儿撕纸有困难，教养人可以手把手带幼儿撕纸。教养人可以对撕下来的形状进行语言描述，并及时鼓励幼儿的操作。

4. 手部控制能力训练（12 ~ 36 个月）

此训练能锻炼幼儿手指的小肌肉控制能力，能增强手和手腕的灵活性。常见方法如下。

（1）涂鸦画线。教养人可以让幼儿的手呈拳头状抓握笔杆，进行涂鸦操作。教养人也可先示范握笔姿势，并示范画垂直线，然后引导幼儿跟着画。

（2）手指游戏。教养人和幼儿一起边念儿歌边做手指游戏。例如，教养人一边念“一个手指点点点”，一边伸出食指轻点幼儿；一边念“两个手指剪剪剪”，一边伸出食指和中指做剪的动作；一边念“三个手指捏捏捏”，一边伸出食指、中指和拇指在幼儿身上轻捏；一边念“四个手指挠挠挠”，一边伸出食指、中指、无名指和小指在幼儿身上轻挠；一边念“五个兄弟爬上山”，一边在幼儿身上做五指从下爬到上的动作。

### （二）3 岁以下幼儿精细动作训练的指导要点

“塞”的动作：1 岁以上的幼儿，可以训练其将棉花团塞入小瓶里；2 ~ 3 岁的幼儿，可以训练其将细绳穿入带孔的串珠中。

“舀”的动作：1 岁左右的幼儿，可训练其用勺子在小碗中舀出食物，进餐时鼓励其用小勺自行用餐；2 岁左右的幼儿，可以训练其按要求舀物，如在碗中舀出指定颜色的豆子。

“倒”的动作：1 岁左右的幼儿，可以训练其将大米从一个器皿倒入另一个器皿中；2 岁以上的幼儿，可以训练其倒水，尤其是按要求倒水，如在两个器皿中倒入等量的水。

“搭”的动作：12 个月左右的幼儿，可训练其用积木搭高，训练眼手协调能力；15 个月以上的幼儿，可训练其用积木搭火车，训练协调性和想象力；2 岁以上的幼儿，可训练其用积木搭山洞，训练空间感知能力。

“贴”的动作：12 个月以上的幼儿开始对“贴”的动作感兴趣，可先采用现成的卡通贴纸、贴画等，让幼儿随意贴；18 个月以上的幼儿，可以训练其按指令做出“贴”的动作，如按要求将贴纸贴到指定的位置；2 岁以上的幼儿，待“贴”的动作熟练后，可训练其用胶水粘贴。

“夹”的动作：18 个月左右的幼儿，可以使用夹子来训练，即让其按要求将夹子夹到指定的位置，尤其要让幼儿理解“一一对应”的关系。

“切”的动作：20 个月以上的幼儿，可以采用木制玩具让其练习切的动作；2 岁以上的幼儿可开始训练其按要求切物体，如沿着线切橡皮泥。

“拧”的动作：18 个月以上的幼儿，可以用矿泉水瓶训练其拧盖子的动作，注意在训练的过程中不要将盖子拧得过紧，以免幼儿无法拧开；2 岁以上的幼儿，可以用彩色的玩具螺丝练习拧的动作，可以和颜色识别相结合。

“卷”的动作：18 个月以上的幼儿开始逐渐发展出“卷”的动作，可先让幼儿通过卷游戏毯来训练，逐渐从大动作的“卷”向精细动作的“卷”过渡；待熟练后，可通过卷毛巾来训练手腕；30 个月左右的幼儿，可通过卷彩纸来训练手指和手腕的控制能力。

“剥”的动作：从幼儿 2 岁开始，可以用有开口的开心果等训练其剥壳的动作，待动作熟练后，可逐渐过渡到剥不开口的花生等。需要注意的是，在训练过程中一定要避免幼儿将开心果、花生等放入口中，以免发生危险。

## 三、3 岁以下幼儿精细动作发展训练的游戏活动设计与案例

### （一）游戏活动设计注意事项

在设计的过程中，有以下几点需要注意：第一，在游戏过程中，教养人

只是协助者，不宜帮助幼儿完成所有的动作；第二，关注游戏过程中幼儿动作的发展，不宜过分追求训练的结果；第三，精细动作的发展必须建立在大动作发展的基础上，不宜在大动作尚未充分发展时过度训练精细动作；第四，精细动作的训练应当结合日常生活，做到生活化、具体化。

### （二）游戏活动案例

#### 1. 游戏活动案例一

1～2岁的幼儿应选与手部操作能力相关的游戏进行训练。

◎活动案例

**小球入洞**

活动目标：练习用两个手指捏的动作，能用拇指、食指和中指抓物品塞入小洞，发展幼儿的手眼协调能力。

活动准备：纸杯（杯壁有小洞）若干、小球若干。

活动过程：教师进行示范，一只手拿一个颜色鲜艳的小球，另一只手拿一个纸杯，演示小球塞入纸杯壁的过程。教师问幼儿："小球不见了，跑到哪里去了呢？"教师进行第二遍示范的同时，指导家长让幼儿用拇指、食指和中指抓住小球，轻轻地塞入纸杯壁上的小洞中。

活动提示：家长可以根据幼儿的能力和特点对幼儿进行一些帮助，但不宜太多，更不能包办代替。

活动延伸：训练幼儿把不同的物品放入不同的容器中。

#### 2. 游戏活动案例二

2～3岁的幼儿应选与手指协调能力相关的游戏进行训练。

◎活动案例

**拧瓶盖**

活动目标：练习拧的动作，发展幼儿手指和手腕的灵活性，促进手眼协作。

活动准备：规格统一的带盖的瓶子若干（里面放上小积木、小纸团等不同物品）、用于放置瓶中物品的盒子。

活动过程：教师向幼儿展示瓶子，并通过摇晃瓶子发出响声吸引幼儿的注意，同时可以用语言给予提示。教师慢慢拧开瓶盖，并将瓶子里的物品倒入盒子里，并用语言示意幼儿。教师将物品再放回瓶子中，然后引导幼儿进行同样的操作。

活动提示：瓶盖不可拧得过紧，以防幼儿拧不动；活动中可以引导幼儿说出倒出物品的名称；提醒幼儿将小物品放回瓶中后，还要拧好瓶盖；如果幼儿拧的方向错误，可以给予提醒；避免异物进入器官。

活动延伸：为幼儿提供规格不同的瓶子，让幼儿进行瓶子和瓶盖的配对。

## 步骤二　活动提升

1. 整理收集的幼儿精细动作训练游戏，填入表 2-1-3-1 中，然后利用娃娃模型，或者采用口述形式进行游戏的模拟训练。

表 2-1-3-1　精细动作训练游戏信息整理

| | |
|---|---|
| 游戏名称 | |
| 训练动作目标 | |
| 游戏过程 | |
| 注意事项 | |

2. 仿编幼儿精细动作训练的小游戏，并在小组内分享。

## 步骤三　任务评价

| 评价项 | 评价要点 | 自我评价 | 小组评价 |
|---|---|---|---|
| 幼儿精细动作训练与游戏仿编 | 游戏收集任务完成（0 ～ 20 分） | | |
| | 游戏信息整理完成（0 ～ 20 分） | | |
| | 游戏模拟训练完成（0 ～ 20 分） | | |
| | 游戏内容仿编完成（0 ～ 40 分） | | |
| 本任务最后得分（总分 100 分） | | | |

说明：小组各成员进行自我评价，小组评价由小组长和其他成员讨论后评价。本任务最后得分（分）= 自我评价得分 ×40% + 小组评价得分 ×60%。

3 岁以下婴幼儿粗大动作发展水平评估

3 岁以下婴幼儿精细动作发展水平评估

项目测试 2-1

项目二

# 3岁以下幼儿语言、认知、情感和社会性发展促进

## 项目导入

要解放孩子的头脑、双手、脚、空间、时间，使他们充分得到自由的生活，从自由的生活中得到真正的教育。

——陶行知

3岁前是幼儿生理和心理发展最迅速的阶段，也是语言真正形成的时期。世界上所有的婴幼儿似乎在获得语言时都经历过类似的几个阶段，即语前阶段（0～1岁）、单词句阶段（1～1.5岁）、电报句阶段（1.5岁～2岁）、完整句阶段（2～3岁）。3岁以下幼儿语言的发展贯穿于各个领域，促进幼儿的语言发展对其他领域的学习与发展有着重要的影响。

3岁前是人脑迅速生长的发育期，是人认知能力发展的最佳时期。在幼儿的认知能力中，感知觉最先发展，在认知活动中占主导地位。因此，幼儿的学习支持应以感官训练为主，以使幼儿的感官更加敏锐，提升其观察力、判断力、专注力和意志力，对幼儿的身体功能协调和完善也有促进作用。

在幼儿时期，社会性发展主要包括人际关系、自我的发展和社会行为的发展。其中，人际关系中最为重要的是依恋关系，其质量对幼儿今后的认知、情绪、社会性等方面有较大的影响。

## 学习目标

◎知识目标

1. 熟悉3岁以下幼儿语言、认知、情感和社会性发展的保育要点及指导建议。
2. 了解3岁以下幼儿语言、认知、社会性发展的训练指导要点。
3. 知道3岁以下幼儿语言发展的游戏活动主要类型。

4. 了解促进 3 岁以下幼儿认知发展的游戏活动设计思路。

5. 掌握 3 岁以下幼儿情绪表达的主要方式，以及幼儿基本情绪的识别要点。

◎能力目标

1. 能为 3 岁以下幼儿创设语言训练与交流的环境。

2. 能通过童谣、儿歌、故事、绘本等为 3 岁以下幼儿提供丰富的语言经验。

3. 能通过游戏活动鼓励和支持 3 岁以下幼儿进行主动探索。

4. 能辨识、理解和接纳 3 岁以下幼儿的基本情绪，并进行简单引导和调节。

◎素质目标

1. 在查找资料、整理信息、倾听总结中提升获得信息、整理信息及总结信息的能力。

2. 通过语言促进活动感受语言的魅力，理解理论与实践结合的重要性。

3. 在与同学的讨论交流中提升沟通与合作交流的能力。

2-2-2

# 任务一　3 岁以下幼儿语言发展促进指导

## 任务情景

1 岁多的小雨已经开始牙牙学语，小雨妈妈不知如何对小雨进行语言训练，想向相关老师进行咨询。小雨妈妈到底该怎么提升小雨的语言能力？

## 任务目标

通过对 3 岁以下幼儿语言材料和游戏活动的整理，促进 3 岁以下幼儿的语言发展。

## 材料准备

适合 3 岁以下幼儿的童谣、儿歌、故事（或绘本）案例，某一年龄段幼儿语言促进的游戏活动案例。

## 任务实施

### 步骤一　知识准备

### 一、3 岁以下幼儿语言发展促进的保育要点及指导建议

#### （一）3 岁以下幼儿语言发展的保育要点

《托育机构保育指导大纲（试行）》关于 3 岁以下幼儿语言发展的保育要点如下。

1. 针对 13 ~ 24 个月的幼儿

培养幼儿正确发音，逐步将语言与实物或动作建立联系；鼓励幼儿模仿和学习使用词语或短句表达自己的需求；引导幼儿学会倾听并乐意执行简单的语言指令，积极使用语言进行交流；提供机会让幼儿多读绘本、多听故事、学念儿歌。

2. 针对 25 ~ 36 个月的幼儿

指导幼儿正确地运用词语说出简单的句子；鼓励幼儿用语言表达自己的

需求和感受；创造条件和机会，使幼儿多听、多看、多说、多问、多想，谈论生活中的所见所闻；培养幼儿阅读的兴趣和能力，学讲故事、学念儿歌。

◎育婴专栏

7 ~ 12 个月婴儿语言发展的保育要点为：经常和婴儿说话，引导其对发音产生兴趣，模仿和学习简单的发音；向婴儿复述生活中常见物品和动作，帮助其逐渐理解简单的词汇；引导婴儿使用简单的声音、表情、动作、语言表达自己的需求；为婴儿选择合适的图画书，朗读简单的故事或儿歌。

### （二）3 岁以下幼儿语言发展的保育指导建议

第一，创设丰富和应答的语言环境，提供正确的语言示范，保持与幼儿的交流与沟通，引导其倾听、理解和模仿语言；第二，为幼儿提供与阅读适合的儿歌、故事和图画书，培养早期阅读兴趣和习惯；第三，关注语言发展迟缓的幼儿，并给予个别指导。

## 二、3 岁以下幼儿语言发展环境创设及训练指导要点

### （一）3 岁以下幼儿语言发展环境创设要点

第一，创建愉快的氛围，对幼儿的表达多鼓励和表扬，以童心了解幼儿的想法和需要，给予积极、温和、有效的语言刺激，使他们轻松无负担地掌握语言。

第二，布置一个有情趣的游戏角，放上娃娃、电话、餐具、木偶、画册、图片等，经常和幼儿进行表演、打电话、看图书、讲故事等活动，从游戏中发展他们的语言。

第三，让幼儿与不同的人交往，这对学习语言很有必要。幼儿接触的人越多，所习得的词汇越丰富，语言活动越频繁，其思维就会越活跃，智力发展也越快。

第四，经常播放简短儿歌、童谣给幼儿听，使他们在一种无意识的状态下不断地接受语言的刺激，得到潜移默化的教育。

### （二）3 岁以下幼儿语言发展训练指导要点

#### 1. 声音训练指导要点

幼儿最初感受语言的能力是听力，发音是其学习说话的基础。

（1）应给幼儿提供优质的发声玩具或能发出嘀嗒声、叮咚声的物体，每天和幼儿一起玩耍，让其听不同的声音，提高其听觉的敏感性。

（2）在幼儿情绪好时，可从不同的方向叫他的名字，刚开始可让他看到教养人，然后慢慢过渡到只用声音逗引他，使他跟踪声音。

（3）每天让幼儿听一段悦耳的音乐或儿童歌曲，轻柔地抱着他或拉着他的手，跟随音乐"跳舞"。

（4）结合日常生活，指导幼儿建立语言和自身行动的有机联系。例如，教养人在示范摆手时说"再见"，示范穿衣时说"伸手"等。教养人要尽量多对幼儿说话，因为他们在多次接触同一动作的基础上能把动作和词义联系起来。

（5）帮助幼儿建立外界事物形象和词之间的联系，如一边和幼儿接触周围环境中的人和物体，一边和幼儿说"这是爸爸""这是灯"，久而久之，当教养人说出人和物的名称时，幼儿就会用手指向或用眼看向人和物。

（6）多用幼儿的原始发音与他们说话，如"啊""噢""嗯"等，这样最能引起幼儿的共鸣与反应，这是很好的反复强化的发音练习。教养人面对面地模仿幼儿的语音，幼儿在听到时，会注意看教养人的嘴巴，能及时地对自己的发音进行调控。

除帮助幼儿建立言语听觉和言语动觉之间的关系外，教养人还要给幼儿一种安全感，消除他们陌生不安的情绪，尽快地让幼儿和家人建立起亲子关系。

2. 词和句学习训练指导要点

词汇学习在幼儿1～2岁间尤其重要，但幼儿的思维是具体、直观、形象的，他们只能在视、听、触摸客观事物的基础上去认识事物、学习词汇，具体要点如下。

（1）在日常生活中遇到对于幼儿来说是新的事物或新的活动时，都要把其名称和有关词汇告诉他们，使幼儿理解事物形象和这些词之间的关系及其意义。

（2）在认识具体事物、学习各类名词的同时，要帮助幼儿结合各种动作学习动词。例如，吃饭、穿衣时让幼儿学习"吃""穿"等动词；玩球时让幼儿学习"拍""踢"等动词。

（3）多和幼儿做语言游戏，如用幼儿易看懂的图片，玩看图学词的游戏；用玩具吸引幼儿，边游戏边学动物的叫声或说一个句子，如“小狗叫，汪汪汪”。

（4）和幼儿沟通时，少用“小儿语”（如将“牛”说成“油”），多用普通话，提供正确的词，不重复幼儿的错误；注意变化口型，使幼儿模仿或对着镜子观察，以提高学习兴趣。

（5）帮助幼儿把所学习的词语组成句子，引导他们说简单的完整句子。例如，幼儿想要皮球而只说“球”时，教养人应问：“宝宝要什么？谁要皮球？”这类语言和情景相结合的方法，是最好的、最有必要的方法。

3. 语言训练应避开的误区

（1）少问封闭式问题。因为这类问题不能很好地促使幼儿用不同的词汇和短语来交流，如“要不要”“是不是”“好不好”等。

（2）言语不宜过长。刚开始的时候说 1 ～ 3 个字即可，尽量反复使用有用的关键词，如在放风筝时说“放风筝”“风筝在飞”“风筝好高”等。

（3）避免只说自己感兴趣的事。教养人要多关注幼儿感兴趣的事物，如幼儿关注一本书的某一页时要讲述相应内容；幼儿注意教养人正在做的事时要讲正在做的事。

（4）避免逼迫幼儿讲话。从语言发育上来讲，幼儿不讲话是因为他还没有准备好，教养人不宜太过心急。

（5）用词不宜太单调。在幼儿会说的内容上不断增加新内容，方法是先重复幼儿会讲的，然后再加上相关的新部分。例如，幼儿在认识积木后，教养人变换积木的颜色和形状引出新的训练。

## 三、促进 3 岁以下幼儿语言发展的游戏活动

### （一）听说游戏活动

1. 听音游戏

声音是语言的重要组成部分，幼儿学语一般都是先“听”后“说”，训练倾听能力，促使其言语听觉中枢内形成清晰、持续的表象，能为后续幼儿语言的发展打好基础。

2. 发音游戏

发音是为幼儿今后说话做准备的，发音游戏根据幼儿年龄特点进行设

计，在初期可以训练幼儿发出单个的元音“a”“o”、辅音“ou”等，之后可以着重纠正其错误的发音并训练其较难发出的音。

### （二）谈话游戏活动

字词是幼儿语言表达的内容基础，通过亲子谈话，幼儿可以进一步复习已学过的词汇，并正确使用词汇。幼儿习得的词汇与日常生活密不可分，其中名词词汇包括生活词汇（如“吃饭”“穿衣”）、交通词汇（如“汽车”“火车”），以及动物、季节词汇等。一些形容词（如“聪明的”“可爱的”）、量词（如“个”“辆”）、礼貌用语等也应习得。

◎活动案例

**接听小兔电话**

适合年龄：2 ~ 3 岁的幼儿。

活动目标：训练幼儿正确使用词汇。

活动准备：幼儿认识的物品若干（作为礼物），不同的交通工具模型若干。

活动过程：教师提问“小文要过生日了，我们带什么礼物给她呢？”教师进行表达示范，如“我带一个苹果”。然后教师问幼儿要带什么，引导幼儿带量词回答。教师对幼儿用错量词的情况进行纠正。教师接着提问：“我们坐什么车去小文家呢？”教师表达示范，如“汽车”，引导幼儿回答出想使用的交通工具。

活动提示：若幼儿用错量词，不用着急，帮助其说一遍正确的量词即可。

活动延伸：教师扮成小兔，引导幼儿用“小兔，我送你一……”表达完整句。

### （三）讲述游戏活动

随着对语音的熟练掌握，词汇的日益丰富，幼儿使用句子的频率也越来越高，如“我不是坏孩子，我是好孩子”“妈妈说，爸爸回来了再吃饭”等。在幼儿能够说完整句的基础之上，训练幼儿使用较为完整连贯的句子对事物进行描述。但此类游戏活动对幼儿的要求较高，所以适用于语言发展较好的幼儿。

◎活动案例

**由我来介绍**

适合年龄：2.5 ~ 3 岁的幼儿。

活动目标：能用完整连贯的句子进行描述。

2-2-7

活动准备：仿真水果、蔬菜若干，小兔玩偶一只。

活动过程：教师给幼儿出示提前准备的各种仿真水果、蔬菜、小兔玩偶。教师示范“大家好，我是小兔，今年3岁了，我喜欢吃胡萝卜。”然后教师让幼儿挑一样自己喜欢的食物，并引导幼儿用“大家好，我是××，今年××岁了，我喜欢吃××”的句式逐一向大家进行介绍。

活动提示：教师与幼儿一起表达，带动幼儿开口说。每位幼儿介绍完后，引导大家进行鼓掌。

活动延伸：教师引导幼儿在其他幼儿面前勇敢地介绍自己。

### （四）文学游戏活动

儿歌、童谣以其朗朗上口的韵律容易被幼儿记忆。在对幼儿进行儿歌、童谣训练中发展幼儿的韵律感、节奏感，以及练习其语言的运用能力和表达能力。

◎活动案例

**摇木马**

适合年龄：1.5～2岁的幼儿。

活动目标：提高幼儿的语言节奏感受能力。

活动准备：玩具娃娃，童谣《摇木马》。

> **摇木马**
> 木马木马——摇摇，
> 上面坐着——宝宝。
> 宝宝宝宝——笑笑，
> 小兔小兔——跳跳。

活动过程：首先，教师进行示范。教师坐在地上，双手伸直，将玩具娃娃放在膝盖上，双手扶住玩具娃娃的腋下，边念儿歌边做动作。教师念前两句时，轻轻地左右摇晃玩具娃娃；念后两句时，手扶玩具娃娃，有节奏地上下震颤双膝。然后，教师引导家长带幼儿一起活动。

活动提示：家长的腿部要有一个高度落差，以增添活动的趣味性。

活动延伸：家长可以选择一些内容简单、朗朗上口的儿歌和幼儿进行骑马的游戏，以培养幼儿的语言节奏感。

### （五）阅读游戏活动

阅读是幼儿口语词汇习得的一个重要途径。图画书中故事情节的连续性吸引着幼儿。首先，图画书能为幼儿的口语表达提供材料；其次，在教养人陪同阅读的过程中，幼儿的口语能力能得到一定的训练；最后，幼儿在复述故事情节时也能使口语得到锻炼。

## 步骤二　活动提升

### 1. 幼儿语言发展活动材料收集与整理

（1）将所收集的适合 3 岁以下幼儿的童谣、儿歌、故事（或绘本）各 1 个（文字、音频或视频皆可）进行整理，填入表 2-2-1-1 中。

3 岁以下幼儿语言发展活动材料

表 2-2-1-1　童谣、儿歌、故事收集整理汇总表

| 序号 | 语言类型 | 名称 | 文件形式（文字、音频、视频等） | 来源 |
| --- | --- | --- | --- | --- |
| 1 | 童谣 | | | |
| 2 | 儿歌 | | | |
| 3 | 故事 | | | |

（2）将所收集的文件整理至一个文件夹中，并以“3 岁以下幼儿的童谣、儿歌、故事—专业—班级—姓名”的形式命名，然后共享至全班同学。

### 2. 幼儿语言游戏活动案例整理与讨论

整理所收集的能促进某一年龄段幼儿语言发展的游戏活动，并说明适合年龄、活动目标、活动准备、活动过程、其他（活动提示及活动延伸等），将相关信息填入表 2-2-1-2 中，并在小组内分享。

表 2-2-1-2　促进某一年龄段幼儿语言发展的游戏活动案例表

| | | | |
| --- | --- | --- | --- |
| 活动名称 | | 适合年龄 | |
| 活动目标 | | | |
| 活动准备 | | | |
| 活动过程 | | | |
| 其他 | | | |

## 步骤三　任务评价

| 评价项 | 评价要点 | 自我评价 | 小组评价 |
| --- | --- | --- | --- |
| 幼儿语言发展活动材料收集与整理 | 材料收集涉及语言类型全面（0 ~ 15 分） | | |
| | 材料收集涉及文件形式丰富（0 ~ 15 分） | | |
| | 材料汇总表填写完整（0 ~ 15 分） | | |
| | 材料文件夹整理正确（0 ~ 5 分） | | |

续表

| 评价项 | 评价要点 | 自我评价 | 小组评价 |
|---|---|---|---|
| 幼儿语言游戏活动案例整理与讨论 | 游戏活动案例收集完成（0 ~ 10 分） | | |
| | 游戏活动案例表整理完成（0 ~ 30 分） | | |
| | 语言整体表达流畅（0 ~ 10 分） | | |
| 本任务最后得分（总分 100 分） | | | |

说明：小组各成员进行自我评价，小组评价由小组长和其他成员讨论后评价。本任务最后得分（分）= 自我评价得分 ×40% + 小组评价得分 ×60%。

# 任务二　3 岁以下幼儿认知发展促进指导

## 任务情景

有的家长为了培养孩子，会购买各种玩具，让孩子多接触；有的家长为了避免孩子磕着、碰着，会把孩子看得很紧，不让孩子摸这碰那。对于 3 岁以下幼儿认知发展的促进，教师该如何做？又该如何指导家长？

## 任务目标

通过指导要点举例与游戏案例整理，能对 3 岁以下幼儿的认知发展进行指导。

## 材料准备

3 岁以下幼儿认知发展指导与活动案例。

## 任务实施

### 步骤一　知识准备

### 一、3 岁以下幼儿认知发展促进的保育要点及指导建议

#### （一）3 岁以下幼儿认知发展保育要点

《托育机构保育指导大纲（试行）》关于 3 岁以下幼儿认知发展的保育要点如下。

1. 针对 13 ~ 24 个月的幼儿

引导幼儿运用各种感官探索周围环境，逐步发展注意、记忆、思维等认知能力；鼓励幼儿辨别生活中常见物体的大小、形状、颜色、软硬、冷热等明显特征；鼓励幼儿在操作、摆弄、模仿等活动中想办法解决问题。

2. 针对 25 ~ 36 个月的幼儿

引导幼儿运用各种感官反复持续探索周围环境，逐步巩固和加深对周围事物的认识；启发幼儿观察辨别生活中常见物体的特征和用途，进行简单的分类，并感受生活中的数学；培养幼儿在感兴趣的事情上能够保持一定的专注力；通过各种游戏和活动，鼓励幼儿主动思考、积极提问并大胆猜想，激发幼儿的想象力和创造力。

◎育婴专栏

7 ~ 12 个月婴儿认知发展的保育要点为：提供有利于视、听、触摸等材料，激发婴儿的观察兴趣；鼓励婴儿调动各种感官，感知物体的大小、形状、颜色、材质等；引导婴儿观察周围的事物，模仿所看到的某些事物的声音和动作。

### （二）3 岁以下幼儿认知发展的保育指导建议

第一，创设环境，促进幼儿通过视、听、触摸等多种感觉活动与环境充分互动，丰富认识和记忆经验；第二，保护幼儿对周围事物的好奇心和求知欲，耐心回应幼儿的问题，鼓励自己寻找答案；第三，在确保安全健康的前提下，支持和鼓励幼儿主动探索。

## 二、3 岁以下幼儿感知觉发展训练指导要点

### （一）提供稳定、高质的互动

教养人要确保幼儿正常的感觉刺激输入，同时为其提供肢体和言语的反馈；要在生活的各个环节与幼儿沟通，解释相关的感知觉现象。在感知觉环境安排上，教养人要尊重幼儿感知觉的发展规律以及每个幼儿自身的特点。在提供丰富环境的情况下，教养人不要过多地控制和干预幼儿正常的发展进程。教养人要提供积极和宽松的氛围，重视日常生活对幼儿潜移默化的影响，不要操之过急。

### （二）注意日常观察，维护各感官的健康

1. 视觉保健

（1）注意日常观察，及早发现幼儿的视力障碍，发现后注意观察、记录，以便就医时准确描述，方便医生评估和干预。

（2）避免幼儿在光照不足或强光下用眼，坐姿不良、近距离视力活动时间过长、缺乏户外活动等都会影响幼儿视力的健康发展。

（3）注意合理膳食、科学用药，日常注意观察幼儿的色觉发展，可以通过各种颜色视觉游戏（如颜色卡片配对、抓物命名颜色等）进行检查，如有色盲症状，要及时治疗。

（4）保障幼儿基本的室内外光线和视觉环境。

2. 听觉保健

（1）注意日常观察，及早发现幼儿的听力障碍，发现后注意观察、记录，并及时就医。

（2）预防噪声性耳聋，在幼儿生活的环境中不要过于大声地说话和播放音乐；有多名幼儿活动时，容易过于激动、兴奋和喧闹，应尽量安排幼儿在户外或宽敞的室内活动。

（3）预防心理性耳聋，给予合适、丰富的听音环境，不要持续绑扎或堵塞幼儿的耳朵。

3. 味觉、嗅觉保健

（1）让幼儿尽可能品尝各种天然的味道，避免食用深加工食物和油炸、烧烤等重口味饮食，以免形成偏食习惯。

（2）保护幼儿的鼻腔，预防鼻炎等疾病，维护敏锐的嗅觉。

### （三）创设丰富的环境，确保各感官的刺激输入

在确保幼儿安全的情况下，提供丰富的活动，适时辅以语言的解释和互动，以促进幼儿对各种刺激进行命名、区分、体会和综合。各感官的环境创设要点如下。

1. 视觉训练环境创设

视觉集中度和敏锐度的训练集中在半岁以内。1 岁以后，教养人可以把相似的物品、图片放在一起，让幼儿寻找差别。颜色视觉训练的关键是为幼儿创造色彩丰富的环境，如悬挂一些彩色的玩具和图片。与幼儿玩与颜

色有关的游戏，通过提供名称解释等高质量的言语互动，可以很好地促进幼儿颜色视觉的发展。例如，教养人可以将各种颜色的物品放入不透明的袋子中，让幼儿抓取，再对颜色提供名称解释并积极回答幼儿的各种问题，还可以互换角色进行游戏。

2. 听觉训练环境创设

从幼儿出生起，教养人就可以在幼儿醒着的时候为其提供各种声音刺激，包括各种自然声音、语言和音乐等。

教养人在日常生活中要和幼儿进行语言交流，把环境中的事物讲给幼儿听。教养人还可以播放各种旋律优美的音乐，或者哼唱各种音乐，如儿歌、摇篮曲。此外，教养人怀抱幼儿随着音乐节奏摆动，不仅能培养其对音乐的感知，还能促进与幼儿的互动。对于大一些的幼儿，还可提供一些乐器让其探索和尝试。

3. 味觉、嗅觉训练环境创设

教养人应让幼儿从小尝试各种味道，一方面要训练其味觉，另一方面要预防其偏食。可以鼓励幼儿多尝试不同味道的食物，并且辅以解释和积极的暗示。幼儿可能会对一些食物刺激显示出不喜欢，但只要食物本身无害，幼儿的反应不是很剧烈，就可以坚持尝试，但注意在尝试之后要辅以淡糖水以缓解刺激。特别辛辣的食物，如姜、蒜等，注意量要少。

嗅觉训练在日常生活中很方便完成，生活和自然中的气味，只要无毒、无害，都可以引导幼儿闻一闻，并辅以语言命名和解释。

4. 触觉训练环境创设

在安全的情况下，教养人要鼓励幼儿在适宜的环境中爬行或赤脚行走，常带幼儿到户外体验大自然中具有各种触感的物质，如水、沙、泥等，鼓励幼儿玩各种材质的不同形状、大小的物体，教养人可以配合语言的描述和解释，如在幼儿摸到水时说“这是水”，摸到软布玩具球时说“这是圆圆、软软的布球”等。

5. 知觉训练环境创设

由于幼儿 3 岁以后才发展到能够较好地掌握形状知觉和较精确地判断平面图形大小的水平，所以教养人只需在日常生活中引导幼儿将各种形状与身边熟悉的事物相联系，从简单的圆形、正方形、三角形开始，重复各种形状的名称，到区分相同形状平面图形的大小。对于会说话的幼儿，可以引导他们说出形状的名称，最好还能结合触觉训练。方位知觉的早期训练对幼儿有一定的促进作用，可以让 2 ～ 3 岁的幼儿先从上下方位的学习开始，3 岁左右可以适当增加前后方位的学习。

## 三、促进 3 岁以下幼儿认知发展的游戏活动设计思路

托育机构促进幼儿认知发展的游戏活动设计思路如下。

在目标上，设计要从三个维度考虑：一是通过感知觉获取外界认知经验；二是激发幼儿与外界环境中人与物的情感；三是培养幼儿良好的生活习惯。

在内容上，活动设计多选择幼儿生活中常见的具体事物，如水果、饼干等，以及幼儿生活中常见的自然现象，如白天、黑夜等，为将来幼儿抽象概念的获得打基础。

在方法上，设计应形式多样，可以采用集体活动、情景模拟等，用幼儿喜欢的方式，让幼儿在活动参与中完成认知任务，达到活动目标。

在流程上，设计应采用“激活幼儿已有经验——多种感官参与——教养人示范——幼儿模仿”的活动过程，让幼儿在开心愉快的游戏情景中获得新的感官经验。

在具体活动中，保育老师要注意观察幼儿在活动中的情绪及幼儿参与的积极程度，还应指导家长让幼儿充分利用多种感知觉系统认识事物，而不是单纯地看和听。

◎活动案例

找小球

婴儿认知发展促进游戏活动案例

适合年龄：1 ～ 3 岁的幼儿。

活动目标：锻炼幼儿的感知能力。

活动准备：幼儿已具备一定认知经验的物品，如黄色塑胶小鸭、积木、水杯等。

活动过程：家长将所有物品放入一个不透明的袋子里，然后把手伸进去，向幼儿示范摸的过程，对幼儿说“嗯，这个东西软软的，一捏就能响……这是玩具鸭”。之后家长引导幼儿摸其他物品，并告知或让其说出名称。

活动延伸：结合日常生活向幼儿介绍所摸到物体的特征，提升幼儿的认知经验。

## 步骤二 活动提升

1. 举例说明幼儿感知觉发展训练指导要点，填入表 2-2-2-1 中，并在小组内分享。

表 2-2-2-1 幼儿感知觉发展训练指导要点举例

| 要点序号 | 指导要点 | 举例 |
|---|---|---|
| 1 | | |
| 2 | | |
| 3 | | |

2. 整理所收集的能促进某一年龄段幼儿认知发展的游戏活动，并说明适合年龄、活动目标、活动准备、活动过程、其他（活动提示及活动延伸等），将相关信息填入表 2-2-2-2 中，并在小组内分享。

表 2-2-2-2 促进某一年龄段幼儿认知发展的游戏活动案例表

| | | | |
|---|---|---|---|
| 活动名称 | | 适合年龄 | |
| 活动目标 | | | |
| 活动准备 | | | |
| 活动过程 | | | |
| 其他 | | | |

## 步骤三 任务评价

| 评价项 | 评价要点 | 自我评价 | 小组评价 |
|---|---|---|---|
| 幼儿感知觉发展训练指导要点举例 | 指导要点说明全面（0 ~ 10 分） | | |
| | 举例具有针对性（0 ~ 30 分） | | |
| | 语言整体表达流畅（0 ~ 10 分） | | |
| 幼儿认知游戏活动案例整理与讨论 | 游戏活动案例收集完成（0 ~ 10 分） | | |
| | 游戏活动案例表整理完成(0 ~ 30 分） | | |
| | 语言整体表达流畅（0 ~ 10 分） | | |
| 本任务最后得分（总分 100 分） | | | |

说明：小组各成员进行自我评价，小组评价由小组长和其他成员讨论后评价。本任务最后得分（分）= 自我评价得分 ×40% + 小组评价得分 ×60%。

# 任务三 3 岁以下幼儿情感和社会性发展促进指导

## 任务情景

幼儿的"哭"功能巨大，它与幼儿的基本情绪一起成为幼儿与外界沟通的重要桥梁。那么，幼儿有哪些情绪？如何对幼儿的情感和社会性发展进行指导？

## 任务目标

通过信息整理与知识讨论，能对幼儿情感和社会性发展进行指导。

## 材料准备

3 岁以下幼儿情感和社会性活动案例。

## 任务实施

### 步骤一 知识准备

### 一、3 岁以下幼儿情感和社会性发展促进的保育要点及指导建议

#### （一）3 岁以下幼儿情感和社会性发展保育要点

《托育机构保育指导大纲（试行）》关于 3 岁以下幼儿情感和社会性发展的保育要点如下。

1. 针对 13 ~ 24 个月的幼儿

引导幼儿用表情、动作、语言等方式表达自己的情绪；培养幼儿愉快的情绪，及时肯定和鼓励幼儿适宜的态度和行为；拓展交往范围，引导幼儿认识他人不同的想法和情绪；引导幼儿理解并遵守简单的规则。

2. 针对 25 ~ 36 个月的幼儿

谈论日常生活中幼儿感兴趣的人和事，引导其通过语言和行为等方式表达情绪情感；鼓励幼儿进行情绪控制的尝试，指导其学会简单的情绪调节策略；创设人际交往的机会和条件，使幼儿感受与人交往的愉悦；帮助幼儿理

解和遵守简单的规则，初步学习分享、轮流、等待、协商，尝试解决同伴冲突。

◎育婴专栏

7 ~ 12 个月婴儿情感和社会性发展的保育要点为：观察了解不同月龄婴儿的需要，把握其情绪变化，尊重和满足其爱抚、亲近、搂抱等情感需求；引导婴儿理解和辨别高兴、喜欢、生气等不同情绪；敏感察觉婴儿情绪变化，理解其情感需求并及时回应；创设温暖、愉快的情绪氛围，促进婴儿交往的积极性。

### （二）3 岁以下幼儿情感和社会性发展的保育指导建议

第一，观察了解每个幼儿独特的沟通方式和情绪表达特点，正确判断其需求，并给予及时、恰当的回应；第二，与幼儿建立信任和稳定的情感联结，使其有安全感；第三，建立一日生活和活动常规，开展规则游戏，帮助婴幼儿理解和遵守规则，逐步发展规则意识，适应集体生活；第四，创造机会，支持幼儿与同伴和成人的交流互动，体验交往的乐趣。

## 二、个体情绪的表达方式与基本情绪的识别

### （一）情绪的表达方式

情绪表达是指个体将其情绪体验经由行为活动表露于外，从而显现其心理感受，并借以达到与外界沟通的目的。情绪表达有多种方式，如表情、语言文字、身体活动等。其中，表情是个体最重要的情绪表达方式，包括面部表情、肢体动作、言语表情。

#### 1. 面部表情

面部表情是幼儿交流最有效的手段。幼儿最常见的面部表情就是哭和笑。哭整体可分为生理不适的哭和心理不适的哭两类。与哭相比，笑发生得较晚。视觉、听觉和触觉的刺激都可引起幼儿笑。

婴儿的哭与笑

#### 2. 肢体动作

除面部表情外，幼儿还用肢体动作表达情绪。例如，幼儿听到音乐时会舞动四肢。

3. 言语表情

言语表情是情绪在语言的音调和节奏速度等方面的表现。例如，喜悦时音调高，言语速度较快，语音高低差别大；难过时音调低，言语速度慢，语音高低差别较小。幼儿掌握情绪词汇后，还能用词说出自己的情绪体验，这是言语表情的更直接的方式。

## （二）基本情绪的识别

多数研究者认为，幼儿具有六种基本情绪：兴趣、快乐、痛苦、惧怕、厌恶、愤怒。其中，前四种情绪对幼儿的影响较大。

1. 兴趣

兴趣是先天性情绪。识别幼儿兴趣的主要方法有两种。一是从兴趣表情识别，其主要标志是扬起额眉，睁大眼睛，出现追视、注视、倾听、保持注意和警觉的倾向，面颊下部肌肉放松，嘴巴常常张开。二是从兴趣的行为识别，幼儿会有伸手去抓、摆弄，以及不断抛玩具等重复性动作，2 ～ 3 岁的幼儿会拍娃娃睡觉、喂娃娃吃东西等。

2. 快乐

快乐是最基本的一种正性情绪。快乐的表情为：额头平展，眼睛闪光而微眯，面颊上提，嘴角后拉、上翘如新月。出声笑时，面部肌肉运动程度加大，眼睛更加明亮。不恰当的教养方式，如身体缺陷、对活动的限制等因素都会使幼儿难以体验到快乐。

3. 痛苦

痛苦是最普遍的负性情绪，是不良刺激持续作用的结果。幼儿痛苦的诱因主要有两种，一是物理—生理刺激，如尖刺的声音、饥饿等；二是心理—社会刺激，最普遍的诱因是与亲近人的分离，另外一个常见的诱因是失败。痛苦的表情不易识别，幼儿痛苦的表情就像撇嘴的样子：眉心内皱，额头中下部有时呈“川”字形，眼内角和上眼睑下拉，下眼睑上推，嘴角下拉，下巴上推，下巴中心鼓起。幼儿痛苦较为鲜明的外显行为是哭泣。教养人要尽量消除导致幼儿痛苦的刺激，不要让其长期处于负性情绪中；要给予其更多的安慰、关心、同情与爱，还要教会他们应对痛苦的方法。

4. 惧怕

惧怕是基本情绪中最有害的负性情绪。惧怕会引发幼儿极大的紧张度和激动性，降低幼儿自信，导致幼儿退缩。惧怕的表情为：额眉平直，口微张，双唇紧张，口部向后平拉，窄而平，眼睛张大时上眼睑上抬、下眼睑紧张。针对不同原因的惧怕，教养人要采取不同的应对策略。例如，对黑暗的惧怕，最重要的是尽量不要让幼儿独处。对于因曾经受到过某种动物袭击而形成的惧怕，可通过系统脱敏的方法治疗；对于因成人示范而习得的惧怕，可通过观察学习的方式消除；对于与依恋对象分离或失去依恋对象的惧怕，要做到及时回应与帮助。

## 三、3 岁以下幼儿情感和社会性发展促进的指导要点

### （一）幼儿积极情绪培养和消极情绪应对的指导要点

#### 1. 积极情绪培养的指导要点

（1）培养幼儿的爱与安全感。幼儿的积极情绪首先来自爱与信任。在爱与信任中长大的幼儿能更加独立。幼儿爱与信任的主要对象是父母，因此，父母应该积极关注幼儿的需求，给予幼儿亲密的呵护，促进安全型依恋关系的建立，让幼儿在健康的依恋关系中感受到爱与安全。

（2）营造平和友好的氛围。幼儿拥有感知他人情绪的能力，并且其情绪会随成人的情绪产生波动，甚至将一些负性情绪归因于自己。因此，教养人应有意识地营造和谐的氛围，维持愉悦、平和的情绪状态，从而使幼儿的情绪也能愉悦、平和。

（3）尊重幼儿表达情绪的自由。在幼儿表达情绪时，教养人应积极倾听，耐心地与幼儿沟通，让幼儿感到被关注，在幼儿有负性情绪时，也就更容易及时安抚；反之，如果幼儿感觉情绪不被重视，可能会渐渐疏于表达，不利于与教养人之间的情感联结。

（4）呵护幼儿的自尊、自信。教养人在身体上和心理上给予幼儿亲密的情绪照顾和教育，可以带给幼儿安全感和力量感，从而获得自尊与自信。反之，如果教养人在陪伴时三心二意，幼儿在察觉后可能会沮丧、失落，进而逐渐变得孤僻、缺乏自信。

#### 2. 消极情绪应对的指导要点

（1）理解和接纳幼儿的负性情绪。幼儿不太会表达需求，当需求未得到满足时可能会有脾气，甚至会通过哭闹、打滚等方式来表达焦虑或不满。这时，教养人要理解这是正常的现象，先不要说话，以免变成斥责；待自己

情绪稳定后，可以尝试从幼儿的角度表达对其现况和情绪的理解，如说“宝宝现在很难受了是不是”等。

（2）温和而坚定地进行正面管教。教养人的理解和安抚对幼儿很重要，但教给他们正确的是非观也很重要。教养人要在确保幼儿安全的前提下坚持一定的原则，因为溺爱可能会使幼儿养成不良的习惯，也不利于他们学会恰当地处理情绪。教养人若是希望通过稍加惩罚教育幼儿，也应当避免打骂、说教。

（3）妥善处理幼儿的对立情绪。1 岁以后，幼儿的自我意识开始发展，希望自己作出选择，但其理解力尚弱，因此说教往往无效，教养人要帮助幼儿建立积极情绪，并提供明确但有限制的选项给幼儿选择，最后为幼儿提供解决情绪困扰的办法。

### （二）幼儿社会性发展促进指导要点

#### 1. 创造亲子互动和与同伴交往的机会

教养人应尽可能地为幼儿创造亲子互动和与同伴交往的机会。例如，每天在固定的时间段陪伴幼儿，为建立良好的亲子关系打下基础。在幼儿稍大后，教养人应当鼓励幼儿与其他幼儿一块玩耍，体会人际互动，增强其社会交往的基本技能。

#### 2. 提供必要的物质支持

幼儿良好的社会性发展离不开物质的支持。这里主要指的是玩具等物品。在玩玩具的过程中，幼儿不仅会明确玩具的现实意义，也可以赋予玩具以想象的内涵。此外，教养人还应当特别注意玩具的适切性，要为幼儿挑选合适、安全的玩具。

#### 3. 推动言语交流能力的发展

教养人应当对幼儿言语能力的发展过程给予充分的关注，鼓励幼儿学会和运用口头语言和肢体语言进行交流，及时对言语能力发展的滞后或障碍进行干预与矫正，并在必要时咨询幼儿康复领域的专家。

#### 4. 促进社会认知的发展

社会认知的发展在幼儿社会性发展的过程中扮演着十分重要的角色。因此，教养人在提供其他促进幼儿社会性发展的必要条件的同时，也应鼓励和引导幼儿从他人的视角思考问题，积极促进其社会认知的发展。

## 步骤二 活动提升

1. 对采用拍照、录像、录音等形式收集的幼儿的表情、肢体、言语等情境内容进行整理，总结幼儿的情绪表达特点，推测其基本情绪类型，填入表 2-2-3-1 中，并在小组内分享。

表 2-2-3-1 幼儿的情绪

| 情境描述 | 情绪表达特点 | 情绪类型 | 相关材料类型 |
|---|---|---|---|
| | | | |

2. 结合所收集的幼儿活动案例，分析幼儿情感和社会性发展的指导要点，并在小组内讨论。

## 步骤三 任务评价

| 评价项 | 评价要点 | 自我评价 | 小组评价 |
|---|---|---|---|
| 幼儿基本情绪的信息整理与讲解 | 信息材料收集丰富（0 ~ 10 分） | | |
| | 情绪表达特点具有针对性（0 ~ 20 分） | | |
| | 基本情绪类型正确（0 ~ 10 分） | | |
| | 语言整体表达流畅（0 ~ 10 分） | | |
| 幼儿情感和社会性发展促进指导要点讨论 | 指导要点涉及全面（0 ~ 30 分） | | |
| | 结合活动案例（0 ~ 10 分） | | |
| | 语言整体表达流畅（0 ~ 10 分） | | |
| 本任务最后得分（总分 100 分） | | | |

说明：小组各成员进行自我评价，小组评价由小组长和其他成员讨论后评价。本任务最后得分（分）= 自我评价得分 ×40% + 小组评价得分 ×60%。

3 岁以下幼儿语言发展水平评估

3 岁以下幼儿认知发展水平评估

3 岁以下幼儿社会性发展水平评估

项目测试 2-2

模块三

MODULE 3

# 3～6岁幼儿早期学习辅助

## 知识导图

- 3 ~ 6 岁幼儿早期学习辅助
  - 教学活动中的学习辅助
    - 教学活动前的准备
    - 教学活动中的配合
    - 教学活动后的收整
  - 游戏活动中的学习辅助
    - 幼儿园游戏活动认知
    - 游戏活动前的准备
    - 游戏活动中的观察与指导
    - 游戏活动后的收整与配合评价
  - 体育活动中的学习辅助
    - 3 ~ 6 岁幼儿体育活动认知
    - 体育活动常规辅助与特殊幼儿指导
    - 不同类型体育活动辅助

# 项目一

# 教学活动中的学习辅助

## 项目导入

教人未见意趣，必不乐学。

——程颐

幼儿园的教学活动是教师依据教育目标、教学大纲，有目的、有计划、有组织地引导幼儿主动学习的活动，常常以集体活动或小组活动的形式进行，是促进幼儿全面发展的重要手段。教学活动的顺利开展离不开保育老师的有效配合，教学活动辅助应贯穿教学活动的整个过程。

## 学习目标

◎知识目标

1. 了解教学活动设计内容和策略、环境布置的基本要求，以及自制玩教具的意义及要求。
2. 明确教学过程中应配合的事项及要求。
3. 熟悉教学活动结束后的归整与记录要求。

◎能力目标

1. 能结合教学活动设计要求，辅助创设相应的环境，按要求和程序配合制作玩教具。
2. 能根据教师要求帮助和辅导个别幼儿参与教学活动，恰当地处理偶发事件。
3. 能辅助做好教学活动结束后的玩教具管理、活动记录及与家长沟通的工作。

◎素质目标

1. 通过对教学活动环境创设要点的讨论，提升分析问题、解决问题的能力。
2. 在保障教学活动中的卫生以及处理教学偶发事件中，做好应对偶发事件的准备。
3. 通过对幼儿教学活动结束后收整工作的学习，提升辅助教学工作的责任感。

# 任务一　教学活动前的准备

## 任务情景

为了做好美术教学活动的准备工作，王老师提前与主班教师沟通活动内容，根据要求辅助主班教师布置场景，并辅助做好活动所需的材料准备。

## 任务目标

通过教学活动设计讨论以及配合制作玩教具，明确教学活动前的准备工作。

## 材料准备

教学活动设计案例、不同类型的玩教具图片。

## 任务实施

### 步骤一　知识准备

### 一、教学活动设计的内容及策略认知

#### （一）具体活动内容的选择

教学计划案例参考

具体活动内容的选择需要考虑多个方面，具体如下。

（1）结合幼儿的兴趣。在活动设计之初以及整个教学活动过程中都应立足于此，并指向促进幼儿发展的目标。

（2）结合幼儿的经验。只有来自幼儿经验的内容才能引起他们的探究兴趣，符合其认知水平并唤起他们的表现欲望，进而获得可能的发展。

（3）结合所选的教材。要对教材筛选、加工和设计，将教材内容所蕴含的意义、背景和内在关系转变为幼儿的学习需要和学习过程。

（4）结合知识与经验的关联性。既要关注活动内容所涉及的经验、知识之间的纵向联系，也要从横向方面促进幼儿的经验、态度、知识、技能等各方面协调发展。

### （二）具体教学活动目标的设计

一个完整的教学活动目标表述包括行为、条件和标准等，其中核心要素是行为。注意：预期结果的表述应清晰、准确；体现综合性、整体性，主要包括认知目标、动作技能目标和情感、态度、价值观目标；具有可操作性，能具体指导、调控教学过程。

### （三）教学活动准备的设计

教学活动准备主要包括知识经验的准备、教学活动材料的准备和学习情境的创设。知识经验的准备包括教学人员及幼儿知识经验的准备。材料的准备包括需要的材料种类、数量、分配和使用的方式等。教师还要考虑如何为师幼双方教学活动的开展创设一个丰富、生动的学习情境，以保证教学活动顺利实施。

### （四）教学活动过程的设计

教学活动过程的设计是教师对教学活动展开过程的预想和规划。详细的过程设计能保证教学活动的有效实施。其中，师幼双方在各环节的互动是教学过程设计的重点。

## 二、按要求进行环境布置

### （一）室内教学活动的环境布置要求

在实施室内教学活动时，要提前布置室内教学活动室，要求重点如下。

1. 总体要求

（1）符合幼儿审美规律，使幼儿得到美的熏陶。

（2）让幼儿参与其中，使其成为环境布置的参与者与设计者。

（3）在引导幼儿进行环境布置时，可使用多样化的材料和装饰。

（4）活动室的周围环境应以幼儿的视线高度为准，让幼儿容易、舒服地欣赏。

（5）装饰物不宜太重，墙面装饰不要太硬或凸出，以防幼儿受伤。

2. 常规准备

（1）准备教学用具，保证数量充足、无损坏。

（2）清洁桌椅、地面等，如果为中、大班的幼儿，要能指导其做值日等力所能及的事情。

（3）光线强度不够时开灯，光线过强时拉上窗帘。

（4）根据活动数量、幼儿数量及教师要求摆放桌椅，如图 3–1–1–1 所示，同时要考虑个别幼儿的生理和心理差异。

图 3-1-1-1　桌椅摆放

3. 关于电化教学

（1）照明适当，满足书写需要，要保持桌面平均亮度。

（2）视看距离应为屏幕对角线的四倍，仰视角度不超过 30°，水平斜视角度不大于 30°～ 45°。

（3）供教学用的电视荧屏应该在 23 寸以上。

（4）电视屏幕或者投影屏幕应提前调试，要求图像呈现清楚，亮度适宜，避免出现闪烁、抖动、刺眼等现象。

### （二）室外教学活动的准备工作

活动场地应安全，地面无积水、沙石、坑洼等危险因素，活动设施无安全隐患。

若场地较小，器材不宜准备过多，器材数量要满足幼儿的基本需要。不管是室内还是室外，在活动前要注意启发幼儿对将要进行的活动进行思考，稳定幼儿的情绪，照顾个别幼儿和体弱幼儿，创设和谐、宽松的活动氛围，以促进幼儿活动的效果。

## 三、配合制作玩教具

### （一）玩教具的种类

1. 根据功能分类

根据功能的不同，幼儿园的玩教具主要分为三类：认知益智类，如拼图、棋子、计算器、乐器、美工材料等；角色游戏类，如头饰、面具、布娃娃、听诊器、小推车等；体育操作类，如沙包、沙袋、飞环、纸球等。玩教具举例如图 3–1–1–2 所示。

认知益智类　　角色游戏类　　体育操作类

图 3-1-1-2　功能不同的玩教具

2. 根据制作材料分类

根据制作材料的不同，幼儿园的玩教具主要有以下五类：纸材料玩教具，包括折纸、海绵纸、卡纸、皱纹纸等；泥材料玩教具，包括陶泥、橡皮泥等；布材料玩教具，包括布艺、布贴画等；废旧材料玩教具，包括家居用品、废纸品、缝纫用品、废布料、建筑用的材料及装潢用品等；自然材料玩教具，包括植物类、壳类、石子类等。玩教具举例如图 3-1-1-3 所示。

纸材料玩教具　　泥材料玩教具　　布材料玩教具　　废旧材料玩教具　　自然材料玩教具

图 3-1-1-3　制作材料不同的玩教具

3. 根据制作主体分类

根据制作主体的不同，幼儿园的玩教具主要包括自制玩教具以及工业成品玩教具。

## （二）自制玩教具的意义及基本要求

1. 自制玩教具的意义

自制玩教具具有及时性、针对性、灵活性、感染性等价值与特点。创设丰富的教育环境需要大量的玩教具，仅仅靠购买的玩教具难以满足幼儿的需要，自制玩教具不仅可以使环境的主题与教学需要相契合，也可将幼儿的自制玩教具运用于环境中，增强幼儿的成就感和班级归属感。

2. 制作玩教具的基本要求

（1）保证安全与清洁。一般可选择多种材料制作玩教具，如布头、木头边角料、纸、塑料、稻草、贝壳、瓜果、狗尾草、泥沙等。

（2）注重教育性、科学性和艺术性的结合。自制玩教具应能促进不同年龄幼儿身心全面发展、利于教学活动。玩教具除讲究形象逼真、色彩鲜艳外，也应符合科学性。另外，自制玩教具还应能激发幼儿对美的追求。

（3）体现趣味性与创新性。玩教具力求以丰富的造型、色彩、音响吸引幼儿，做到好看又好玩。同时在玩教具制作过程中需要发挥创造力。

（4）既环保又便捷。制作玩教具应力求简单。许多精致但不耐玩的玩具会成为摆设。玩教具应能充分利用废旧资源，且便于幼儿参与制作。

### （三）玩教具辅助制作过程中的要求

#### 1. 积极协助、配合制作，发挥主观能动性

保育老师可根据目标与本班幼儿的特点大胆创新，只要符合幼儿特点、受到幼儿喜欢、有助于达成教学目标即可。创新需要建立在对大量案例的研究、临摹、制作的基础上。

#### 2. 协助组织、启发幼儿参与与使用

制作玩教具归根结底是为了促进幼儿的发展，但幼儿不仅是玩教具的参观者与操作者，更是玩教具的制作者。因此，一些简单的制作可请幼儿动手参与完成。幼儿操作着自己制作的玩教具，会有极大的满足感。

## 四、不同年龄班不同领域学习环境的创设要点

### （一）小班不同领域学习环境的创设要点

#### 1. 健康领域学习环境的创设要点

（1）健康活动的环境创设要点如下。①保障幼儿安全与健康。环境创设要把伤害的可能性降到最低，要消除环境中的不安全因素，要注意幼儿的心理安全。②满足幼儿发展基本需要。③突显幼儿园的特色文化。内容必须是积极向上的、符合幼儿成长规律的独特文化。

（2）体育活动的环境创设主要是户外体育活动的环境创设，具体如下。①场地多样，变化丰富。幼儿园的户外场地应能使幼儿愉悦身心，挑战自我，从而在发展动作技能、获得运动经验的同时提高想象、创造与合作能力。②多以单功能器材为主。如单个的滑滑梯、跷跷板、攀登架等对幼儿的动作和大肌肉运动能力的发展比较有利。③增加可移动的多功能材料。

如软管、木箱、轮胎等，使幼儿在任意组合中能尽情地想象，变化着花样玩。

2. 语言领域学习环境的创设要点

（1）物质环境。保育老师要充分利用教室走廊、墙壁，在上面贴上教学挂图，并结合教学活动及时更换，使幼儿在无形中锻炼表达能力。对于阅读区，尤其要注意环境创设，如图 3–1–1–4 所示。

图 3–1–1–4 温馨的阅读环境

（2）心理环境。在日常对话中，要先倾听幼儿，以引起幼儿倾听的兴趣，领会倾听的好处；要合理引导幼儿，鼓励幼儿完整、大声地表达；合理利用阅读区，与幼儿交流看书所得，并且要表现出惊喜的样子，培养幼儿对阅读的兴趣。

3. 社会领域学习环境的创设要点

（1）物质环境。通过创设主题活动，如墙饰“我的一家人”，让幼儿把与父母一起拍的照片贴在漂亮的教室里，使幼儿在与墙饰环境的互动中引发积极情绪，感受到幼儿园集体学习生活的乐趣。

（2）精神环境。幼儿园的精神环境主要体现在师与幼、幼与幼、师与师之间的相互作用、交往方式等方面，对幼儿要给予细心、耐心的关心。在作息制度上要打破幼儿园惯常的统一要求，使幼儿早日适应集体生活环境。

4. 科学领域学习环境的创设要点

（1）创设激发幼儿科学探究的环境。在公共环境创设中渗透不同层次的科学教育元素，例如在走廊、过道、楼梯等地方进行科普主题的环境布置。

（2）创设在实践中体验的科学环境。科学活动体验场的开辟可以同特定的科学教育活动相结合，使幼儿在完整、连续的科学体验活动中得到成长。例如，利用幼儿园开辟的小蝌蚪饲养体验场，让幼儿体验生命的奥秘。

（3）创设健康安全的科学环境。需要有操作空间的科学、数学类活动，应在教室中央摆放桌子，且有一定的间隔距离，应避免桌椅频繁搬动而增加活动时间和安全隐患。

（4）创设与生活相关的科学环境。学习关于形状的科学活动时，保育老师可以在教室装饰一些不同形状的图案，以引导幼儿与环境互动，增强活动与实际生活的联系。

（5）创设材料丰富的科学环境。为幼儿准备充足数量和种类的材料；选择材料要注意真实、贴近生活；材料要易于收集，且以废旧材料为主；材料要有利于发展幼儿动手解决实际问题的能力以及想象力和创造力。若提供的是新材料，要和幼儿讨论材料的使用方法，以启发幼儿思考；在幼儿对材料进行操作时，要及时地添加新材料，促使幼儿尝试新的玩法。

5. 艺术领域学习环境的创设要点

（1）美术学习环境的创设要点如下。①营造自由、轻松的活动氛围。应为幼儿创设一个自由表现的空间，对幼儿表现出来的奇怪想法应表示支持和鼓励。②创设让幼儿自主表现的环境。要让小班幼儿对绘画活动感兴趣，让他们用自己的童心去认识事物；要增加幼儿的生活经验，同时提高幼儿的表达和理解能力，使幼儿更加多元化地用作品来表现自我的认识和体验。

（2）音乐学习环境的创设要点如下。①创设让幼儿大胆动起来的环境。激励和指引会使幼儿更加大胆地表达和表现，从而进一步感受音乐的美。②创设让幼儿充分表现自我的环境。创造生动的表演情境，利用朗朗上口的音乐，让幼儿通过哼唱、小律动等方式表现对艺术的理解和感受。

### （二）中班不同领域学习环境的创设要点

1. 健康领域学习环境的创设要点

（1）创设持续支持的心理环境，具体如下。①鼓励幼儿勇敢表达。②增加幼儿的生活体验。如增加每天的户外运动时间，增加观察、记录外界环境的范围和顺次，提高幼儿适应环境变化的能力。

（2）养成科学的生活常规和卫生习惯，具体如下。①严格执行幼儿园各项制度。②鼓励幼儿学会生活自理。③提高幼儿的自我安全意识。④为幼儿提供丰富的营养。

（3）增加幼儿运动的难度和力度。在小班幼儿走、跑的基础上，给中班幼儿增加运动的难度和力度，如跳、钻、爬，以及竞赛类游戏等。同时，为中班幼儿提供手眼协调的锻炼机会，如使用筷子吃饭，用剪刀做手工，在户外增加玩沙、玩水区，带领幼儿一起做跑、钻、爬、攀岩等活动。

2. 语言领域学习环境的创设要点

（1）创设乐于倾听的环境。通过组织语言游戏，或利用多媒体将信息再现于幼儿的感官，丰富幼儿的语言，提升其倾听能力。

（2）创设自由表达的环境。游戏活动中同伴之间的互助有助于幼儿语言能力的提升；谈话可以是在活动中与幼儿交谈，也可以组织专门的谈话活动，还要鼓励幼儿之间进行谈话，尽量不打断或责备；讲述活动中，可以组织幼儿进行看图讲述和动画片讲述等。

（3）创设宽松的阅读环境。增加阅读区的图书量，制定比较自由的阅读规则，鼓励幼儿餐前和餐后都可以到阅读区自由读书；增加阅读活动，组织幼儿阅读故事、诗歌、散文等，鼓励幼儿用语言表达阅读的感受。

（4）投放丰富的物质材料。操作材料方面，可投放图书、拼图、字卡等视觉材料和录音机、光盘等听觉材料。辅助材料方面，可投放纸、铅笔、橡皮、道具麦克风等，用于幼儿表达和书写。

3. 社会领域学习环境的创设要点

（1）创设自由互动的空间。组织幼儿开展更多的平行游戏，促进同伴交往和师幼互动；借助图书、故事等，跟幼儿讨论什么行为受同伴欢迎等。

（2）创设文明礼貌、自尊自信的环境。与幼儿平等说话，注意幼儿的情感变化，保护幼儿的自尊心，鼓励幼儿积极自行解决交往过程中的矛盾。

（3）创设愉快的集体生活环境。引导、鼓励幼儿参加集体活动，使幼儿感受到集体的温暖和关怀，逐渐喜欢上幼儿园、保育老师及同伴。

（4）创设必要的规则约束环境。保育老师可与幼儿一起制定规则，并严格执行，也可在讲述图书、故事时讲述规则，使幼儿建立规则意识。

4. 科学领域学习环境的创设要点

（1）创设具有挑战性的探究环境。科学探究的环境应该具有挑战性，且应不断提高难度。例如，在科学游戏和实验中鼓励幼儿探索并寻找答案；根据需要组织幼儿到大自然和社会中实践，提升幼儿的分类、概括等能力。

（2）创设数学认知的“有形”环境，具体如下。①创设具体形象的材料环境。环境布置应有各种有形的材料，以便让幼儿感知；科学活动中应尽量利用生活中的有形物体；参观游览时注意自然界的有形物体。②创设数、量、形、空间多变的材料环境，增加幼儿感知和运用的机会。例如，引导幼儿注意观察教室里经常变化的主题环境和区角环境里各种不同的材料。

（3）科学区的环境材料投放。实验工具类的基本材料有放大镜、天平、吸管、镊子、量杯、磁铁、动植物标本、人体挂图等，可用于科学实验。物理科学类的基本材料有声、光、电、水、空气等实验需要的素材。

5. 艺术领域学习环境的创设要点

（1）提供丰富而美的环境。提供丰富的自然环境和社会环境，使幼儿最大限度地感受美；让幼儿在各种音乐游戏中感受不同乐器的声音；带领幼儿欣赏艺术作品，让幼儿感受不同作品的形状、颜色、形态等。

（2）创造条件让幼儿欣赏作品。可以带领幼儿去欣赏音乐会和美术作品展，与幼儿讨论心得；可以让幼儿从自己家里带来艺术品，鼓励同伴之间交流、欣赏；可以在音乐游戏后鼓励幼儿表演等。

（3）创设宽松的艺术表现与创造氛围。保育老师要注重保护幼儿的艺术兴致，欣赏、鼓励幼儿的艺术行为，多听听幼儿的艺术感受，鼓励幼儿大胆用画笔、音乐、陶艺等形式表达自己的情绪情感；可设立专门的涂鸦墙或作品展示墙，如图 3-1-1-5 所示，鼓励幼儿参与班级的环境创设；提供丰富的艺术创作材料，如各种乐器和绘画材料等。

图 3-1-1-5 幼儿绘画作品展示墙

## （三）大班不同领域学习环境的创设要点

### 1. 健康领域学习环境的创设要点

（1）创设支持幼儿大、小肌肉动作发展的场地与材料，具体如下。①户外要有较大块的空地或跑道，要有如攀爬墙等具有挑战性的运动设施。②要重点开发运动量较小的场地，增加空间的动态性。③在支持幼儿小肌肉动作发展的环境创设中，要在活动区角提供各种操作材料，在一日生活中提供各种参与生活自理与劳动的机会，但需要注意安全。

（2）通过提示与环境安排帮助幼儿形成正确的姿势。除日常提醒、示范外，还可以在教室张贴正确姿势图。幼儿用的桌、椅、床应该适合幼儿。

（3）创设促进幼儿生活习惯与能力养成的环境，具体如下。①合理布局物质环境，保障幼儿生活安全，如把热水、药品等物品放在幼儿够不着的地方。②以图画、标识形式展示安全与卫生信息，帮助幼儿认知与学习。③创造有利于提高幼儿生活自理能力的条件，鼓励幼儿做力所能及的事情，指导幼儿学习一些生活自理的方法，提供各种材料让幼儿有机会加强训练。

（4）创设增进幼儿情绪良好与适应能力发展的心理环境，具体如下。①以身示范，影响幼儿。以积极、愉快的情绪对待幼儿，把良好的情绪传递给幼儿；以恰当的方式为幼儿表达情绪提供榜样。②营造爱的集体氛围。以欣赏的态度对待幼儿；在幼儿做错事时要冷静，不厉声斥责、打骂；在发现幼儿不高兴时，要主动询问，帮助他们化解负面情绪；加强幼儿同伴间的情感互动，教他们正确处理同伴间的矛盾。③帮助幼儿提高适应能力。带幼儿接触不同的人际环境，如带幼儿到小学体验生活。

2. 语言领域学习环境的创设要点

（1）创设让幼儿想说、敢说、会说的环境。要让幼儿通过参与产生想说的欲望；要带幼儿散步、游览，使其接触不同的自然和社会环境，积累经验和话题；要与每个幼儿自然交流，不打断幼儿间的谈话；充分利用语言区、角色区等开展读绕口令、唱儿歌等活动，以激发幼儿的积极性。

（2）树立良好的语言榜样。保育老师要以身示范，认真倾听、清晰表达，推广普通话并文明交谈；要注意净化听觉环境，对现代教学手段中的内容质量与健康情况进行检查；在开展活动时减少对幼儿语言学习的干扰。

（3）提供良好的读写物质环境。选择一定数量且符合大班幼儿年龄特点、富有童趣的图画书以及不同体裁的幼儿文学作品，让幼儿自主选择和阅读；为阅读区的幼儿提供安静、舒适的环境；利用一切机会、场所，让幼儿感受书面语言，如在展区贴上文字标签，在活动室的器皿上标记名称等；准备可以随时取用的纸、笔等材料以及沙地、树枝、小石子等自然材料；提供丰富的印刷品，使幼儿可以自由参照、自由涂画。

（4）提供鼓励读写的精神环境。要经常与幼儿一起阅读；当幼儿遇到感兴趣的事物或问题时，要和幼儿一起查阅图书资料，让幼儿体会阅读的价值；要乐意接受幼儿书写的内容；给幼儿读书时，要能通过表情、动作或抑扬顿挫的语气来传达书中的情感；要以身示范阅读、写字的姿势。

（5）提供丰富多样的学习材料，如表 3-1-1-1 所示。

表 3-1-1-1　大班幼儿语言区投放的基本材料

| 材料类型 | 基本材料 | 用途 |
|---|---|---|
| 辅助材料 | 地毯、垫子、软凳子、榻榻米等 | 铺在地板上，用于降噪，方便看书 |
| 操作材料 | 软枕头、布偶 | 增进舒适性，具有装饰作用 |
| | 经过挑选的书 | 作为阅读材料 |
| | 录音机、录下来的故事、磁带、耳机 | 用于听故事、讲故事、录制故事 |
| | 字谜、拼字游戏、词语匹配游戏、字盘、绕口令游戏 | 用于玩语言游戏，学习汉字、词语，练习口语 |
| | 毛笔、墨水、铅笔、钢笔、粉笔、记号笔、纸，书写板、黑板擦等 | 练习书写 |
| | 拼音字母表 | 贴在墙壁上，用于了解拼音字母 |

3. 社会领域学习环境的创设要点

（1）减少外在的控制以促进交往。在一日生活中要从时间安排、同伴安排等方面为幼儿创造更多自由交往的机会，还要避免直接给幼儿安排同伴，保障幼儿选择同伴的自由。

（2）调控材料的使用以促进合作。通过材料的选择、数量的配备等创设幼儿分工合作的机会，避免幼儿因争抢而产生冲突。

（3）综合利用社区资源以丰富活动。利用博物馆、图书馆等引导幼儿学习，使幼儿感受社会带来的便利；将社区资源引进幼儿园，如请消防员给幼儿讲解消防知识。

（4）提高幼儿对小学环境的适应能力。带领幼儿参观小学环境，使其萌发当小学生的愿望；创设小学课堂模拟环境，使幼儿在体验中养成良好习惯；在区角投放小学课本、作业本等用品，让幼儿提前感受小学生活。

（5）融入传统文化。以传统节日、民俗为主题开展活动，布置墙饰、走廊，如布置“二十四节气”的主题墙；收集地方特色资源，创设文化区角，如“民族服饰”“戏剧国粹”等，使幼儿受到传统文化的熏陶。

4. 科学领域学习环境的创设要点

（1）科学探索方面的学习环境创设要点如下。①创设精心布置的自然环境。建立班级自然角，但要注意经常更换，及时清理，同时还要提供观察用的记录表、笔等。让大班幼儿一起为自然角收集物品，或者设立小小管理员岗位，如图 3–1–1–6 所示，让幼儿轮流照料物品。②创设丰富多样的物质环境。除了幼儿园公用的科学发现室，大班教室内可以多提供一些实验和科技制作方面的材料，供幼儿实验、制作科学物品。在集体的科学教学活动中，物质材料更应该充足、多样、生活化。③创设激发幼儿自由探索的心理环境。保育老师要多鼓励、支持幼儿，以促成其探索活动；当幼儿碰到困难时，要给予支持以保证其继续探究；在确保幼儿不影响他人的情况下，应尊重幼儿，避免过多约束，还要包容幼儿的错误。

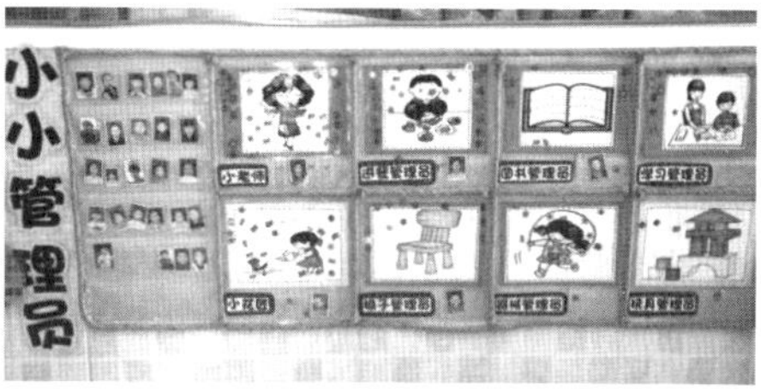


图 3–1–1–6　小小管理员

（2）数学认知环境要素的创设要点如下。①创设富含数学元素的生活环境，充分利用教室的墙面和角落，布置时间、空间等方面的可操作墙面，提供空间和材料让幼儿操作；可以把阳台、走廊布置成数学游戏场所，在墙上画数字娃娃、各种形体等，在地板上画“迷宫”等让幼儿游戏；可以在楼梯上设计各种颜色的数字，让幼儿在日常生活中增长数学知识。②创设丰富、直观的教具与学具。直观、可操作的教具和学具能为幼儿的数学学习提供更好的支持，主要包括实物教具，图片与卡片，专门研究、开发的数学教具和学具。

5. 艺术领域学习环境的创设要点

（1）创设富有美感的班级环境。班级环境要整体设计，使其格局、色调更加和谐；根据主题或活动需要，收集、展示自然界中具有形式美的材料，制作各种艺术品，装饰在墙壁、区角；经常播放与具体活动和情境相协调的音乐作为听觉背景，允许幼儿随音乐即兴表演；采用幼儿的艺术作品作为班级环境装饰品，鼓励幼儿收集美的东西来布置自己的活动场所等。

（2）延伸感受更多美的环境。带领幼儿进入大自然，感受、欣赏美景和好听的声音，引导幼儿欣赏动植物，发现不同季节、不同自然物的美；可以为亲子旅游提供建议，如指导家长如何为幼儿选择景点、欣赏内容等；带领幼儿参观传统民间艺术表演、地方民俗文化馆、剧院、博物馆等，让幼儿接受艺术的熏陶。

（3）提供支持幼儿自由表现的物质材料。让幼儿有独立的艺术表现和创造空间，每天安排专门的区角活动让幼儿有自由的表达机会；提供真实的感知对象让幼儿进行模仿；提供幼儿容易理解的图画、照片、图书、雕塑等让幼儿模仿；提供多样化的艺术表现工具和材料，如绘画用的纸笔、颜料、辅助材料等，唱歌用的录音机、乐器、麦克风等；开辟专门的作品展区，展示幼儿的艺术作品。

（4）营造鼓励幼儿敢于表现的心理环境。保育老师要充分信任幼儿，减少干预，让他们能够自主创作；减少对幼儿艺术活动的各种规定，以免阻碍幼儿创造力的发挥；要以欣赏的态度对待每个作品，给予具体的评价，但不轻易否定。

## 步骤二　活动提升

1. 对收集的某一领域教学活动设计案例进行整理，将相关信息填入表3-1-1-2中，并在小组内分享、讨论。

表 3-1-1-2　教学活动设计讨论

| | | |
|---|---|---|
| 教学领域与目标 | 活动领域 | 健康 ☐　语言 ☐　社会 ☐　科学 ☐　艺术 ☐ |
| | 活动目标 | |
| 知识经验的准备 | | |
| 活动环境布置与材料的准备 | 环境的布置 | |
| | 玩教具的种类与数量 | |
| 活动过程 | 活动主要环节 | |
| | 师幼如何互动 | |

2. 将收集的各种玩教具图片（各类至少两张）进行整理，并将相关信息填入表 3-1-1-3 中。

表 3-1-1-3　玩教具图片信息

| 类型 | | 图片数量 | 玩教具名称 |
|---|---|---|---|
| 按功能分 | 认知益智类 | | |
| | 角色游戏类 | | |
| | 体育操作类 | | |

续表

| 类型 | | 图片数量 | 玩教具名称 |
|---|---|---|---|
| 按材料分 | 纸材料类 | | |
| | 泥材料类 | | |
| | 布材料类 | | |
| | 废旧材料类 | | |
| | 自然材料类 | | |

## 步骤三 任务评价

| 评价项 | 评价要点 | 自我评价 | 小组评价 |
|---|---|---|---|
| 教学活动设计讨论 | 教学活动设计案例收集完成（0 ~ 5 分） | | |
| | 教学活动设计内容填写完整（0 ~ 35 分） | | |
| | 语言表达流畅（0 ~ 10 分） | | |
| 玩教具收集整理 | 玩教具相关信息整理完成（0 ~ 40 分） | | |
| | 分享语言表达整体流畅（0 ~ 10 分） | | |
| 本任务最后得分（总分 100 分） | | | |

说明：小组各成员进行自我评价，小组评价由小组长和其他成员讨论后评价。本任务最后得分（分）= 自我评价得分 ×40% + 小组评价得分 ×60%。

配合教学活动前的准备工作案例

配合教学活动前的准备工作案例分析

# 任务二　教学活动中的配合

## 任务情景

美术课上，一个幼儿从颜料盘中抓起一些糨糊在手上、画上、桌子上擦。有的幼儿趴在桌子上画，有的站着画。保育老师拿毛巾过来，每张桌子发一块，看到一个幼儿的画，问："画的是什么？"幼儿说是兔子。保育老师说："我怎么看都不像兔子，我帮你画一只兔子。"画完后，保育老师就走开了。

## 任务目标

通过教学活动案例收集与讨论，掌握教学活动中配合的主要事项及方法。

## 材料准备

常规教学活动案例、教学活动偶发事件或安全事件案例。

## 任务实施

### 步骤一　知识准备

### 一、协助教学与指导幼儿

#### （一）室内集中教学活动中的辅助要点

1. 协助教师稳定幼儿注意力

倾听是一种良好的学习品质。教师组织课堂教学时，保育老师应提醒幼儿注意听教师说话，遵守秩序，举手发言，保持必要的安静，还要及时提醒个别注意力分散的幼儿，从而使幼儿形成良好的学习习惯。

2. 发挥配班作用，活跃课堂气氛

教师组织教学活动时，难免会有冷场的情况，此时保育老师应当发挥协助作用，鼓励幼儿应答互动，大胆发言，鼓励幼儿说话完整、语句通顺，以形成活跃的课堂气氛。

3. 维持教学秩序，合理解决问题

保育老师应善于运用恰当的方式维持教学活动秩序。观察、指导幼儿按序取放玩教具；有幼儿要喝水、小便等特殊情况时，应当在不影响正常教学秩序的情况下带领幼儿处理；对于难以处理的问题要及时向教师汇报、请示。

4. 提醒教师合理安排时间

教师组织教学活动时，往往会有在时间上把握不太恰当的情况，尤其是一些动手操作类的活动，经常会因为幼儿太感兴趣而出现超时的情况。对此，保育老师应提前了解活动安排，提醒教师注意把握时间。

5. 其他注意事项

保育老师在辅助过程中还需注意：避免对幼儿限制过多，以免挫伤幼儿的积极性；不随意走动、讲话，以免分散幼儿注意力；不随意进出教室，以免打断教师教学。

## （二）幼儿自主学习时的辅助要点

1. 阅读时的辅助要点

（1）眼与书本的距离。距离物体越近，眼睛需要调节的度数就越大，这样会加强眼调节肌的紧张度，使眼的屈光状况向近视方向发展。在阅读时，幼儿的眼睛与书本之间的距离在 30 ～ 35 厘米（即 1 尺左右）为宜。

（2）书本与视线形成的夹角。当书本平面与视线呈直角时，字在视网膜上所形成的图像最清楚。因此幼儿阅读时最好使用有12° ～ 15° 倾斜的桌面，或在水平桌上加一个与水平面呈 30° ～ 40° 的书架，使幼儿头部略向前倾，便能让视线与书本的夹角接近直角，避免颈部肌肉疲劳。

（3）阅读时的姿势。保育老师要指导幼儿坐姿端正，脊柱正直，头不过于前倾，不耸肩，不歪头，前胸距桌缘约一拳，大腿平放，双足着地，使身体重心稳妥地落在坐骨和椅靠背的支撑点范围内，以减低肌肉疲劳。另外，还要指导幼儿不能在走路、乘车、躺着时看书。

（4）阅读时的光线。阅读环境应有足够的亮度，光线须从左上方照下，以免产生阴影；光线应分布均匀，且不炫目，避免太阳直射或光线昏暗。

（5）阅读的时间。连续长时间阅读会使大脑过度紧张，影响幼儿对所读材料的理解，而且会使眼调节肌处于紧张状态，长期发展会导致近视。因此，在连续阅读 10 ～ 20 分钟后（随年龄而异），保育老师应要求幼儿到户外活动或远眺，使视觉分析器和眼调节肌得到休息。

2. 绘画、写字时的辅助要点

幼儿在绘画、写字时，除有大脑皮层、视觉分析器官和维持姿势的肌肉群参加活动外，还有腕关节和指掌关节的肌肉活动，以及前臂和肩部的活动。因此，学习中应注意幼儿绘画、写字的时间和姿势等问题。要点如下。

（1）绘画、写字的时间。幼儿的腕骨骨化尚未完成、小肌肉发育尚未完善，绘画、写字持续的时间过长会造成疲劳。一般而言，持续绘画、写字的时间不宜超过 5 ～ 10 分钟。

（2）绘画、写字的姿势。幼儿要掌握正确的握笔姿势，握笔时食指应比大拇指低，笔杆和纸张应呈 60° 左右的角；不将胸部压在桌缘。

3. 唱歌时的辅助要点

（1）唱歌时吸气快，空气通过鼻腔的时间缩短，在鼻腔中除尘、加温、加湿过程不完全，因此在幼儿唱歌前，室内环境应进行湿性打扫。

（2）幼儿唱歌时应保持正确的姿势，最好采取立姿，以保持胸腔和膈肌的充分活动。身体重量均匀地分配在两腿上，重心稍放前一点，挺胸，两肩稍向后，双手在身体的两侧自然下垂，头部保持正直。

（3）幼儿持续唱歌的时间不宜过长。唱一段时间后应稍休息，避免长时间大声唱歌或喊叫。当幼儿咽喉部疲乏或有炎症时，应禁止唱歌。

### （三）室外活动中的辅助要点

1. 协助组织全体幼儿到室外

（1）组织幼儿安全有序地下楼、排好队，并让幼儿按指定的顺序进入操场，维持秩序（一般教师在前面领队，保育老师在后面）。

（2）在去室外前，要提醒、帮助幼儿根据天气变化及时增减衣服。

2. 帮助整理队形

幼儿年龄尚小，队形排列时比较困难，保育老师要协助教师安排好队形。

（1）队形位置要选择让幼儿背风、背光的方向，以防风沙或逆光。

（2）要保证幼儿能看到教师的示范动作，教师也能看到幼儿。

3. 维持活动秩序

（1）做操时，保育老师一般站在队列后面一起做操（一般教师在前面领队，其他老师在后面），要随时观察幼儿的活动情况，如发现不遵守纪律的幼儿，要及时过去制止，发现动作不规范的幼儿，要过去纠正；不要来回走动或讲话，以免分散幼儿的注意力。

（2）密切观察幼儿，发现可能存在的安全隐患并及时制止，避免意外事故发生。

## 二、教学活动中的具体指导

### （一）教学活动中的指导原则与策略

1. 指导原则

（1）科学性原则。传授的基本知识与经验应该具有科学性，内容应该科学、准确，没有偏差和模糊之处，特别是有关科学领域的知识内容。

（2）适宜性原则。所选择的内容应与幼儿的年龄特点和发展水平相适应。

（3）直观性原则。指导要考虑幼儿心理的发展特点，综合运用各种直观教学手段，引发幼儿的学习兴趣，加深幼儿对知识的理解。

（4）启发性原则。教学活动中要善于运用各种方法来启发、引导幼儿，激发幼儿的求知欲和探索精神，引导幼儿积极思考。

（5）全体性原则。不管是何种形式的教学活动，在学习内容的选择和活动的过程中，都要努力使活动的内容和形式与全体幼儿的需要相符合。

2. 指导策略

（1）教学目的与个体兴趣兼顾。教学活动以传递知识和技能为主要目标，尽管在设计时会顾及幼儿的年龄特征和个体差异，但以教学目标为导向的活动，往往会忽视幼儿真正的兴趣。因此，在保证教学目标实现的同时，应关注并满足幼儿的兴趣。

（2）教学内容与情绪情感兼顾。教学中可能会只强调知识技能的传授而忽视幼儿的体验和经验，这对幼儿的社会性发展不利。因此，需要以知识和技能的传授为载体，在充分了解幼儿心理特点的基础上，促进其情感、态度和人格等的健康发展。

（3）指导学习与激发主动兼顾。在教学活动指导过程中，教师要根据不同领域的性质和特点，结合教学活动目标，灵活运用多种教学方法，在强调教师主导作用和教育结果的同时，支持和发挥幼儿的自主性。

## （二）常见不良习惯或行为的指导要求

### 1. 纠正不正确的坐、写姿势

（1）幼儿不正确的坐、写姿势形成的原因有多种，具体如下。①保育老师主导作用未充分发挥。幼儿手的力量小，不能完全按照要求握笔。②家长望子成龙心切。幼儿腕力不足，加上缺乏专业指导，会导致不良书写习惯的形成。③从小班到中班，幼儿已经习惯运用彩笔和油画棒的姿势，影响了幼儿正确握笔姿势的形成。

（2）纠正幼儿不正确的坐、写姿势，具体如下。①端正家庭教育观念。保育老师要做好科学育儿的普及宣传，帮助家长强化幼儿坐、写姿势的指导意识。②以良好示范带动幼儿。保育老师要加强自身坐、写姿势基本功的训练，让自身的良好习惯潜移默化地影响幼儿。③对幼儿要反复检查，及时矫正。④通过开展幼儿感兴趣的活动，如小组竞赛，看哪一组坐得正、握笔姿势对，促进幼儿良好习惯的养成。

### 2. 多种方法引导违反纪律者

（1）提前讲解法。有些幼儿不是故意违反纪律，而是对保育老师提出的要求与规则没有听明白。因此，规则要明确，并且要事先讲清楚。

（2）暗示法。保育老师事先要定好暗示规则，或者临时通过眼神、动作进行暗示。

（3）说服教育法。对于经过暗示还屡次违反纪律的幼儿，保育老师要与其进行沟通，分析其违反纪律的具体原因，从原因入手解决问题。

（4）讨论分析法。保育老师可以暂时停止目前的活动，先与幼儿一起分析讨论，找出问题的原因，解决后再继续开展活动，减少违反纪律的可能。

### 3. 帮助学习困难者

（1）保育老师要以信任和鼓励的态度引导幼儿独立解决困难，切忌不管不问或过多批评、责问，以免幼儿更为紧张，失去解决困难的勇气和信心。

（2）保育老师要充当解决问题的引导者，而不仅是一个解决者。幼儿也能体会到独立解决问题带来的成就感，从而提高独立解决问题的能力。

4. 避免活动中的不安全行为

保育老师要培养幼儿的安全意识，要将安全知识的学习贯穿在各种活动中。例如，幼儿一起下楼梯时，要引导幼儿靠右走，不能拥挤或跑着下；在活动中，应时刻提醒幼儿保持一定的距离，果断制止不符合身心发展、有损健康的自发活动，如悬垂、负重等。

### （三）特殊幼儿活动中的辅助

特殊幼儿是指有特殊教育需要的幼儿。要促进这类幼儿的发展，保育老师需要为他们提供特别的帮助和支持。

对肥胖儿进行身体锻炼时，要循序渐进，不可贪多求快。开始的活动量要少一些，之后再增加；宜采用既能促进能量消耗又易坚持的项目，如散步等，再过渡到慢跑等活动；要指导家长与幼儿一起锻炼，以增加幼儿的信心。

对体弱儿照护时应加强观察护理，适当减少活动量；注意冷、热变化，及时提醒幼儿穿脱衣服；运动时可在幼儿背上垫上干毛巾，以备随时擦汗，防止幼儿感冒或让病情加重；饮食要做到少盛多添，不挑食。

照护多动儿时，在活动中可以有意识地以语言、表情、动作给予暗示，提醒幼儿克制；制定一些行为准则，以约束幼儿行为，使其养成良好习惯；针对注意力不集中的情况，在活动时可站在幼儿旁边，轻声或用手势、眼神、动作给予提示；通过拼图游戏等逐步培养幼儿的耐心和专注力。

对胆怯儿，要引导其最大限度地参与活动，增强自信。要多给予鼓励，对其的评价要以肯定为主；要善于发现幼儿的闪光点，给幼儿提供锻炼和表现的机会；要放手让幼儿独立地完成一些简单的任务；要多鼓励幼儿和同伴交往，并适当地教给幼儿正确的交往技能。

## 三、教学偶发事件及安全事件应对

### （一）教学偶发事件及处理

教学偶发事件是在教学过程中突然发生的一种特殊的教育现象，它具有突发性、偶然性、冲击性、紧迫性的显著特点。

教学偶发事件一般可以分为良性偶发事件和恶性偶发事件两种。良性偶发事件是指在教学中，幼儿突然向教师提出一些预料不到的疑难问题，其虽不具有严重破坏纪律的性质，但处理不当，也会干扰正常的教学秩序。恶性偶发事件是指在教学中出现的不良行为，如幼儿间相互打架、告状以及其他破坏纪律的情况等，而并非指恶劣的事件。

当教学偶发事件发生时，保育老师应冷静、积极地做出反应，采取科学的对策，事后要冷静思考处理中存在的问题，化负面影响为正面教育。处理方法主要如下。

（1）“幽默化解”法。幽默能调节情绪、缓解冲突，其本身就是教学的利器。教学偶发事件常会导致尴尬的局面，这种情况下，保育老师不妨用幽默来化解，可以根据特定的环境，有意识地制造幽默气氛，使幼儿感到幽默无处不在，无时不有。

（2）“借题发挥”法。在教学活动中充分利用偶发事件对幼儿因势利导，有时比按部就班的活动更有意义。保育老师在应对偶发事件中通过借题发挥，及时调整原有方案并生成新的方案，以便与幼儿探究更多的价值。

### （二）安全事件及处理

引发安全事件的原因有很多，如幼儿打闹、摔倒、对用具操作不当等。开展安全方面的活动能让幼儿具备基本的安全知识和自我保护能力。

#### 1. 教学活动中安全教育的形式

（1）通过环境创设渗透。环境创设中可以渗透教育因素，让幼儿潜移默化地受到感染。例如，在电器插座旁贴上安全标志，也可让幼儿参与标志制作等。这些因素能引起幼儿的注意，培养幼儿日常注意安全的良好习惯。

（2）通过具体活动强调，具体如下。①基本知识的教学活动。可以在每节课利用几分钟提醒幼儿注意安全隐患，如不触摸电线和电源插头等，以使幼儿了解基本的安全知识。②安全主题教学活动。如开展以“防火”为主题的活动，通过观看录像、图片，使幼儿初步感知火；通过模拟逃生活动，使幼儿了解如何进行安全自救等。③活动中的随机学习。如在幼儿首次接触剪刀时要操作示范；使幼儿在学习儿歌的过程中熟记安全常识。

（3）通过家园共育进行。在家庭中开展安全教育十分必要，但有的家长对幼儿的安全教育不够重视，对幼儿的好奇和冒险未加防范，就易出现意外事故。对此，可通过家长会让家园的安全教育目标达成一致，还要不定期地邀请家长参加相关知识讲座，将安全教育的内容延伸到每个家庭中。

2. 幼儿安全教育的注意事项

（1）消除环境中的安全隐患。环境安全主要通过创设良好的环境来实现，采取安全的防护措施，保证幼儿安全地学习，也能让家长更为放心。

（2）提供安全的玩教具。在教学活动中，保育老师给幼儿提供的玩教具材料要避免细小、尖锐物品或者黏合不牢固的情况，更不能提供有毒性的物品。

（3）指导过程要安全。在教学活动中，保育老师要注意观察幼儿的活动情况，并提前给予指导，如做手工用的剪刀要通过图示或具体操作指导幼儿学会正确使用。

（4）提高意识但不过分紧张。大多数伤害都发生在人警惕性下降的时候，如饥饿、环境突然改变等。面对特殊情况或新环境，保育老师对幼儿的安全更要有警觉意识。

（5）有耐心更要重复强调。幼儿对事物的认知是渐进和反复强化的过程，保育老师在照顾和引导幼儿时要有耐心，要把握时机强化重复，还要以身作则。

3. 意外伤害处理的要点

意外伤害会对幼儿造成肉体和精神上的双重伤害，是幼儿致伤、致残甚至致死的主要原因之一。幼儿对自己的身体健康状况没有充分的判断能力，为了防止其在发生事故后因疏于被照料而导致伤害扩大，保育老师应在事故发生后对幼儿进行必要的急救保护。

4. 事件发生后应及时通知家长

在园内发生意外伤害时，保育老师要主动与家长联系，及时将幼儿的情况通知给家长，听取家长的意见，以取得家长的支持和配合。

科学教育活动中的保育工作案例 1

科学教育活动中的保育工作案例分析 1

科学教育活动中的保育工作案例 2

科学教育活动中的保育工作案例分析 2

## 步骤二 活动提升

1. 小组分工，对某一次教学活动中的观察记录进行整理，并将讨论结果填入表 3-1-2-1 中。

表 3-1-2-1 教学活动观察记录的整理讨论

| | | |
|---|---|---|
| 活动基本信息 | 活动领域 | 健康 □ 语言 □ 社会 □ 科学 □ 艺术 □ |
| | 活动名称 | |
| | 活动场所 | 室内 □ 室外 □ |
| | 活动过程 | （可采用文字、图片、视频或音频等形式记录） |
| 活动内容讨论 | 指导幼儿学习的主要方法 | （需有相应情境描述） |
| | 幼儿不良习惯或行为以及指导方法 | （需有相应情境描述） |
| | 对特殊幼儿的保育方法 | （需有相应情境描述） |

2. 对收集或设计的教学偶发事件与安全事件进行整理，总结其应对方法，并结合实际给出相应建议，填入表 3-1-2-2 中。

教学偶发事件案例参考

表 3-1-2-2 案例收集与讨论

| | | |
|---|---|---|
| 案例一 | 内容描述 | |
| | 应对方法 | |
| | 相应建议 | |
| 案例二 | 内容描述 | |
| | 应对方法 | |
| | 相应建议 | |

## 步骤三 任务评价

| 评价项 | 评价要点 | 自我评价 | 小组评价 |
|---|---|---|---|
| 教学活动观察记录整理与讨论 | 安排任务完成（0 ~ 30 分） | | |
| | 语言表达流畅（0 ~ 10 分） | | |
| | 积极参与小组讨论（0 ~ 10 分） | | |
| 教学偶发事件与安全事件探讨 | 案例收集任务完成（0 ~ 10 分） | | |
| | 案例内容描述详细（0 ~ 10 分） | | |
| | 案例事件应对方法恰当(0 ~ 10 分） | | |
| | 提出的建议合理（0 ~ 10 分） | | |
| | 语言表达流畅（0 ~ 10 分） | | |
| 本任务最后得分（总分 100 分） | | | |

说明：小组各成员进行自我评价，小组评价由小组长和其他成员讨论后评价。本任务最后得分（分）= 自我评价得分 ×40% + 小组评价得分 ×60%。

# 任务三 教学活动后的收整

## 任务情景

科学探索活动已经结束，桌上放着刚才做搭桥活动的各种废纸，主班老师边收拾边让幼儿去洗手，保育老师留下两位幼儿帮助她收拾废纸，然后顺手把还能用的纸直接堆放在了整理架上，之后又去组织幼儿洗手了。

## 任务目标

通过情景模拟，掌握教学活动后的整理要点及配合家长沟通。

## 材料准备

模拟室内或室外活动结束后的整理所需的道具。

## 任务实施

### 步骤一 知识准备

## 一、活动结束后的整理

室内教学活动结束后的整理，主要涉及图书和其他玩教具以及环境的清洁与整理，室外教学活动结束后的整理主要是体育活动结束后的整理。

### （一）室内活动结束后的整理

1. 图书、玩教具的整理

（1）图书的整理要求主要如下。①分类登记书籍名称。一般按照图书的内容、形式、体裁和读者用途等进行分类。例如，按内容分为生活认知类、人际交往类、品德品格类、科普百科类、生命教育类、人文艺术类、学习工具类和益智游戏类等。②保持书架清洁，书籍摆放整齐、有序，使幼儿一目了然，如图 3-1-3-1 所示。③帮助幼儿收拾整理图书。

（2）其他玩教具的整理要求主要如下。①摆放整齐，认真检查，定时清理，经常消毒，及时保养维修。②班级经常使用的玩教具应按主题或学科分类编号，放在分类柜中的固定位置，便于取放。③分类柜应贴上编号和教具名称，以便寻找，如图 3-1-3-2 所示。④自制玩教具的价值应得到充分发挥。具体方法为：一是针对某一次教学活动设计玩教具，用完之后可以放置于活动区，供幼儿操作练习；二是当幼儿对一种玩教具不再感兴趣时，可以在原有玩教具的基础上添加一些素材，使其成为新玩具；三是一些结实耐用的玩教具可以在各年龄班中传递。

图 3-1-3-1 图书分类架

图 3-1-3-2 玩教具分类

2. 教学环境的清洁与整理

（1）环境清洁。活动中产生的脏污应及时进行擦洗；产生的废弃物要扔到垃圾桶；适当让中班、大班的幼儿参与收整，以培养其良好的习惯。

（2）设备整理。设备整理主要是要结合实际，关闭设备以及场所的电源，将桌椅归位并摆放整齐。

### （二）室外活动结束后的整理

#### 1. 器材与场地整理

室外活动结束后，要辅助收拾体育器材，并按规定整理好；要清理场地，清除废弃物和垃圾；要指导适龄幼儿一起收拾整理，以培养幼儿的动手能力和责任感。

#### 2. 幼儿返回室内协助

室外活动结束后，要辅助教师清点人数，组织幼儿安全有序地返回教室；待幼儿回到教室后，要辅助教师组织幼儿洗手、如厕、饮水，必要时还要让幼儿洗脸。

## 二、配合活动的工作记录、总结及反馈

通过配合活动的记录与总结，及时发现问题，尤其是家庭教育问题，能做到给予家长正确的指导，并能对特殊情况进行沟通，以促进家园共育。

### （一）配合教学活动记录

配合教学活动记录主要涉及全班幼儿的活动记录、个别幼儿的活动记录及材料提供情况等。其主要目的是与教师共同分析幼儿的表现，制定更符合幼儿需要的活动内容，为幼儿提供更合适的活动设备和材料，为教学研究提供依据，还能向家长提供幼儿成长的记录材料。根据反映形式的不同，可以将工作记录分为图表记录和文字记录，前者如表 3-1-3-1 所示。

表 3-1-3-1　配合教学活动记录表

<table>
<tr><td>班级</td><td></td><td>活动组织教师</td><td></td><td>保育老师</td><td></td></tr>
<tr><td>活动名称</td><td colspan="3"></td><td>活动时间</td><td></td></tr>
<tr><td>活动准备</td><td colspan="5"></td></tr>
<tr><td>全班幼儿活动情况</td><td colspan="5"></td></tr>
<tr><td rowspan="2">个别幼儿活动情况</td><td colspan="2">体弱儿情况</td><td colspan="2">肥胖儿情况</td><td>其他个别幼儿情况</td></tr>
<tr><td colspan="2"></td><td colspan="2"></td><td></td></tr>
</table>

续表

| | |
|---|---|
| 设施设备、物品材料的使用情况 | |
| 备注 | |

注：①“活动准备”一栏主要填写本次活动中教师、保育老师和幼儿所需要的各种物品；②“全班幼儿活动情况”一栏主要记录幼儿在活动中的身体、情绪、参与活动情况，幼儿的分组情况，幼儿在活动中发生的轶事，幼儿的表现等；③“个别幼儿活动情况”一栏主要记录班中个别幼儿在活动中的情况；④“设施设备、物品材料的使用情况”一栏主要记录本班设施设备、物品材料的使用情况，外借情况及需要维修、更换情况。此记录表的前三行需要在活动前填写。

有的幼儿园对记录更为细化，会将全班幼儿活动情况和个别幼儿活动情况及设施设备、物品材料的使用情况分别记录。

### （二）配合教学活动的工作总结

配合教学活动的工作总结是对教学活动中的保育问题所做的专门总结，总结内容范围较窄，问题容易集中，因而可做具体深入的阐述，但它需与其他活动综合，才能更好地反映教育的全貌。保育老师需对幼儿学习中涉及的辅助工作进行反思和总结，以利于及时发现工作中存在的问题，并进行调整和改进，不断提升工作水平。

工作总结强调及时性、条理性、客观性及注重反思。其中，反思典型案例就是对实际情境中的典型事件进行剖析，从案例情境中识别出重要信息，并寻找信息之间的内在联系，从而将它们整合起来，提出解决问题的方法。

### （三）配合家长沟通工作

#### 1. 配合家长沟通的主要工作

（1）协助教师制订计划。在学期初，配合教师根据本班幼儿的年龄特点，共同制定双方共教共育的内容，然后有目的、有计划地实施。

（2）结合实际调整方案。保育老师要了解幼儿的个性特点，幼儿在家庭中的行为表现、生活习惯，家庭成员对幼儿的期望、教养态度、奖惩方法，幼儿在家庭中的地位、生活经验以及幼儿入园前的状况，以便有针对性地开展工作，使计划能根据本班幼儿的实际情况进行不断调整。

（3）向家长进行宣传指导。协助教师积极主动地向家长宣传国家的教育方针，说明本班的教育任务，明确家庭教育的重要性和父母的职责；利用各种机会向家长宣传正确的育儿知识，汇报幼儿的情况，促进家园共育。

2. 家庭在幼儿学习中存在的误区

（1）重智力才艺，轻行为习惯养成。不少家庭只注重知识灌输而忽视幼儿兴趣的培养，有的家长让三四岁的幼儿背唐诗、认汉字、算加减法等，有的家长花费人力、财力给幼儿报兴趣班，而对幼儿真正的兴趣与快乐却不管不问。对此，家长应了解并尊重幼儿的意愿，为幼儿提供自由探索的空间，促进幼儿全面发展。

（2）家庭教育氛围不良。幼儿善于模仿，他们向成人尤其是家庭中的亲人学习待人接物的方式，并逐渐形成自己的是非标准和行为习惯。也就是说，家庭对幼儿的影响是潜移默化的，如果家长经常当着幼儿的面吵架，会给幼儿心灵造成伤害；如果家长整天忙于工作，对幼儿不管不问，可能会导致幼儿孤僻等。

（3）物质刺激过多，精神激励缺乏。物质刺激能使幼儿有高度的积极性，但是产生的效力却相对短暂。家长应慎用物质刺激，增加精神鼓励，以使幼儿不断取得进步，享受成功的喜悦。

（4）动辄体罚，缺乏说服教育。一些家长对幼儿或骂或打，导致亲子感情出现隔阂，甚至导致幼儿性情偏异。

3. 配合做好家园共育的要点

（1）适当提醒家长配合，共同构建良好的学习环境。

（2）配合教师给家长传授育儿知识，让家长参与到幼儿的学习活动中，从而辅助家长树立良好的教育理念。

（3）组织家长参与幼儿的教学活动，要特别注意不能让家长做旁观者，而是参与其中，发挥家长这一重要教育资源的作用。

（4）让家长了解幼儿教学活动的目标和内容，配合教师将各项计划通过公示栏、电话、网络等方式向家长说明，提示家长观看，让家长提出建议，通过沟通取得共识。

（5）以幼儿发展为中心，配合教师做好与家长的沟通工作，以达成共识。

（6）配合教师向家长介绍幼儿在园里的学习情况，包括进步与不足，也要及时向家长获取幼儿在家里的表现与变化信息。

4. 家园沟通的常用方式

（1）以个别方式进行家园沟通，具体如下。①日常交流沟通。这是家园共育最简便、快捷的方式，如在接送幼儿的间隙与家长沟通幼儿的日常表现、行为变化等，尽管时间不长、内容简单，但能及时了解信息；可约请家长来园进行个别交谈，交谈的内容、要求应明确，特别是对很少见到的家长，除向家长介绍近期幼儿的变化、听取家长对幼儿园的意见外，还要与家长共同研究今后配合教育的具体措施与方法。②宣传教育活动。通过信息展示栏、温馨提示等形式向家长传达幼儿园的活动信息，使家长了解情况；通过手机、网络等工具及时把最新的信息传达给家长，包括教育计划与实施情况、最新的幼儿教育动态信息，甚至是幼儿的每一次进步等，以方便家长及时了解；通过专题讲座，帮助家长形成正确的育儿观念，使家庭教育符合幼儿学习的特点。③家长咨询接待。这是一种有效的指导家庭教育的方法，要主动服务，及时了解和听取家长对幼儿园的意见和建议；要认真解答家长关于幼儿学习的疑惑和难题，对有些问题的解答还可邀请本班教师参加，或聘请专家指导，还可根据需要拟定专门的共育计划。④电话或平台沟通。有些幼儿家长长期外出工作，有些家长工作流动性大，沟通可采用电话、网络等形式，要适时向家长说明幼儿的身心发展情况，加强与家长的联系，并帮助、督促家长及时了解和关心幼儿。

（2）以集体方式进行家园沟通，具体如下。①家长会和家长委员会。每学期初或期中、期末都要通过班级家长会向全体家长介绍教育任务，说明每个幼儿所取得的进步，并提出下一阶段需重点解决的问题。家长委员会的主要任务是帮助家长了解幼儿园的教育计划和要求，协助幼儿园改进工作，提高教育质量；及时反映家长对幼儿园的意见和建议；组织优秀家长交流家庭教育的经验等。②家长座谈会或经验交流会。这类会议人数不宜过多，可按类型分别召开，一般时间短、效果好，能充分发挥家长自我教育的作用，如召开经验型的会议，由有经验的家长现身说法。③家长学校和科学育儿报告会、专题会、活动日等。家长学校是对父母和其他家庭成员进行教育和训练的学校。报告会、专题会是不定期的活动，有计划地就家长所关心的问题和家庭教育中易犯的错误进行辅导，围绕某专题分析原因和解决办法等。在机构组织的“开放日”“活动日”和多种形式的亲子活动中，可以让家长具体了解幼儿园的教育内容、看到自己孩子的发展水平，有助于家长进一步了解幼儿在班级群体中的适应情况。④宣传展览平台或活动。通过设置宣传栏、展览台、黑板报和陈列室等，呈现对家长有益的实物、教育书刊和辅导材料，陈列幼儿种植、饲养产品或自然角的观察记录，解答家长提出的各种问题和要求，或图文并茂地介绍教育家的名言与著作、幼儿活动的照片和记录，推荐幼儿读物、玩具、服装或菜谱等。

## 步骤二　活动提升

1. 以小组为单位，对室内或室外活动结束后的整理工作进行情景设计，将小组成员的角色分工以及情景设计的内容填入表 3–1–3–2 中，练习后在小组内分享。

表 3–1–3–2　室内外活动结束后整理的情景模拟设计表

| 活动场所 | 室内 □ | 室外 □ |
|---|---|---|
| 小组成员角色分工 | 教师：<br>保育老师：<br>幼儿：<br>道具准备：<br>旁白： | |
| 情景模拟设计的重点 | 室内活动结束后的整理重点如下：<br>（1）图书和玩教具整理（分类放置，摆放整齐，日常管理）<br>（2）环境清洁（处理脏污及废弃物，让中、大班幼儿参与）<br>（3）设备整理（关闭电源，桌椅归位，摆放整齐）<br>室外活动结束后的整理重点如下：<br>（1）器材与场地整理（收拾器材，清理场地，让中、大班幼儿参与）<br>（2）幼儿返回室内协助（清点人数，组织返回，后续安排） | |

2. 以小组为单位进行结对分工，结合家庭教育中存在的误区，采用个别方式模拟与家长的沟通，将需沟通的问题、角色分配及沟通主要方式填入表 3–1–3–3 中，结对练习后在小组内分享。

表 3–1–3–3　家园沟通情景模拟表

| 需沟通的问题 | | |
|---|---|---|
| 沟通角色分配 | 家长 | |
| | 教师 | |
| 家园沟通采用的主要方式 | | |

## 步骤三　任务评价

| 评价项 | 评价要点 | 自我评价 | 小组评价 |
|---|---|---|---|
| 室内外活动结束后整理的情景模拟 | 团队分工明确（0 ~ 10 分） | | |
| | 角色扮演到位（0 ~ 20 分） | | |
| | 模拟内容正确（0 ~ 20 分） | | |
| 家园沟通情景模拟 | 团队分工明确（0 ~ 10 分） | | |
| | 角色扮演到位（0 ~ 20 分） | | |
| | 问题处理恰当（0 ~ 20 分） | | |
| 本任务最后得分（总分 100 分） | | | |

说明：小组各成员进行自我评价，小组评价由小组长和其他成员讨论后评价。本任务最后得分（分）= 自我评价得分 ×40% + 小组评价得分 ×60%。

美术教学活动中的保育工作案例

美术教学活动中的保育工作案例分析

音乐教学活动中的保育工作案例

音乐教学活动中的保育工作案例分析

项目测试 3-1

项目二

# 游戏活动中的学习辅助

## 项目导入

> 游戏是幼儿的生命。
>
> ——陈鹤琴

游戏活动与其他活动相互联系、相互渗透、有机结合，共同促进幼儿身心全面和谐发展。本项目所讲的幼儿园游戏活动侧重幼儿自主、自发、自愿的活动，一般较少受到保育老师的干预，幼儿可以在游戏活动中满足自我需要并寻求自我发展。游戏活动的顺利进行离不开保育老师的有效配合，游戏活动辅助也应贯穿活动前、中、后的整个过程。

## 学习目标

◎知识目标

1. 知道幼儿游戏的主要类型及不同表现形式。
2. 熟悉幼儿主要游戏的环境创设和材料投放的要求。
3. 熟悉幼儿游戏活动中的观察及应对方法。

◎能力目标

1. 能结合游戏相关知识对游戏类型进行判断，对游戏形式进行举例。
2. 能对游戏活动的环境创设和材料投放情况作出初步判断。
3. 能模拟指导幼儿及时收拾和整理游戏材料。

◎素质目标

1. 理解游戏环境和游戏材料对幼儿的重要性，树立正确的儿童观和教育观。
2. 通过游戏材料的收整与活动评价，培养认真、细致的工作态度。

# 任务一　幼儿园游戏活动认知

## 任务情景

世界上有多种语言，在表达游戏的含义时存在一定的差别，但它们却有着相似之处，那就是都认为游戏与运动、动作有关，是一种轻松、松散、休闲、自在的娱乐活动。那么，幼儿园的游戏类型及表现形式有哪些?

## 任务目标

通过对幼儿游戏活动类型案例进行讨论，对幼儿园的游戏活动有初步认知。

## 材料准备

不同类型及不同表现形式的游戏案例。

## 任务实施

### 步骤一　知识准备

#### 一、幼儿游戏的主要类型

幼儿游戏的类型有多种，我国幼儿园常用的游戏分类依据是按游戏的教育作用分类，一般分为创造性游戏和规则性游戏。创造性游戏主要是为了促进幼儿的主动性、独立性、创造性的发展，主要包括角色游戏、结构游戏、表演游戏等。规则性游戏主要是以遵循规则为中心、以实现教育作用为目的的游戏，在这类游戏中，幼儿必须严格遵守游戏的规则，保证游戏目的的达成，主要包括智力游戏、体育游戏、音乐游戏等。创造性游戏和规则性游戏并非互相排斥，创造性是游戏的普遍特性，规则性游戏中也含有创造性的成分。下面分别进行介绍。

## （一）创造性游戏

### 1. 角色游戏

角色游戏是幼儿通过扮演角色，运用想象，创造性地反映个人生活印象的一种游戏。例如，娃娃家游戏、商店游戏、公共汽车游戏等，都是不同主题的角色游戏。角色游戏是幼儿期最典型的、最有特色的游戏。幼儿自身社会经验的丰富程度直接决定着游戏内容和游戏情节的丰富程度。幼儿可以在角色游戏中自由发挥想象力和创造力，因而他们对角色游戏的兴趣很浓厚。

### 2. 结构游戏

结构游戏又称建筑游戏或建构游戏，是指幼儿在结合自己对现实生活直接或间接认识的基础上，通过自己的想象、意愿进行构思、构造，利用各种不同的结构玩具或结构材料，如积木、积塑、金属部件、泥、沙等，通过与结构活动有关的各种动作、造型构造物体或建筑物形象等，丰富而生动地再现或反映周围现实社会生活中的各种物体及建筑物的一种游戏。在幼儿园教育中组织和开展结构游戏，是实施全面发展教育的重要内容及手段。

### 3. 表演游戏

表演游戏是指幼儿按照故事中的情节扮演某一角色，用对话、独白、动作、表情等进行表演，再现故事内容的一种游戏形式。角色游戏与表演游戏中都有角色，但二者在故事主题与情节的来源以及表演的故事结构性与规则要求方面存在差异。角色游戏中的主题和情节主要来自幼儿的社会生活经验，表演游戏的主题和情节则主要来源于故事，包括文学作品和幼儿根据自己的经历和想象创编的故事。

## （二）规则性游戏

### 1. 智力游戏

智力游戏是根据一定的智育任务设计的，以生动有趣的游戏形式使幼儿在自愿、愉快的活动中增进知识、发展智力的一种规则性游戏。智力游戏主要由游戏的目的、玩法、规则及结果四个部分构成，它们之间相互依存、相互作用。在智力游戏中，幼儿的观察力、注意力、记忆力、想象力、创造力及思维能力都能得到很好的发展。同时，智力游戏要求幼儿控制自我行为，善于合作，遵守规则，坚持完成任务，这对幼儿社会性方面能力的培养有良好作用。

2. 体育游戏

体育游戏是以训练幼儿的各种基本动作（如走、跑、跳跃、投掷、平衡、钻爬和攀登等），锻炼幼儿身体为目的的游戏活动。体育游戏具有趣味性、娱乐性、竞争性，能发展基本动作和体能，所以既有游戏的特点，又有体育的特征。大多数体育游戏中都带有一定的情节和各种不同的角色，这非常符合幼儿爱模仿、好扮演的特点。

3. 音乐游戏

音乐游戏可以将音乐活动内容融于游戏形式中，让幼儿在游戏中感受音乐、理解音乐、改编歌词、创编动作，从而能使幼儿获得美的享受。音乐游戏还能培养幼儿的想象力、提高幼儿的审美力、丰富幼儿的情感，培养幼儿良好的心理素质。

## 二、幼儿游戏的不同表现形式

游戏是幼儿的基本活动，幼儿的学习与成长都蕴含在游戏之中。教育者应充分利用游戏对幼儿的强大吸引力，将游戏引入课程活动中，或者在活动中穿插游戏环节，或者将整个课程活动以游戏形式呈现。这样，幼儿园游戏就呈现出三种不同的形式，即自主性游戏、游戏课程活动、生活活动中的游戏。

### （一）自主性游戏

自主性游戏是幼儿按自己的需要，自主、自愿、自发开展的游戏，保育老师参与较少，对游戏的指导主要通过环境创设、游戏过程指导、游戏总结三种方式进行。在这种游戏中，幼儿用自己已有的经验进行表现，即使有探索，也是在最近发展区内，是以已有知识为基础的、力所能及的探索和创造。自主性游戏可以发生在班级幼儿可以自由支配的任何时间和空间里。区角是自主性游戏发生的依托，区域活动常常就是自主性游戏的活动。安排区域游戏一般需要考虑以下问题。

1. 设置合适的活动区角

幼儿游戏需要通过活动区来完成，区角的安排、区角玩具和材料的投放与幼儿游戏的时间和质量有很大的关系。一般而言，需要安排以下区角：娃娃家、阅读区、建构区、益智区、表演区等，以方便幼儿开展各种游戏。

2. 为不同类型的游戏开展安排不同的材料

一般而言，在角色游戏中，保育老师需要为幼儿提供同类角色和不同角色的游戏材料。在结构游戏中，保育老师需要为幼儿提供积木、积塑、胶粒、花片等专门的结构材料，还需要为幼儿提供瓶子、挂历、纸盒等废旧物品或半成品的结构材料。开展表演游戏，需要为幼儿准备服饰以及固定的场地，并为不同年龄段的幼儿安排合适的故事情节。开展规则性游戏，保育老师要根据游戏的要求为幼儿准备合适的材料，并随时更换材料。

### （二）游戏课程活动

游戏课程活动要根据教学目标和教学内容以及幼儿的经验等进行安排。教师要遵守一定的教学原则和教学方法，设计与幼儿发展相适宜的教学内容，并设计完整的教学过程，面对全体幼儿的学习适宜性，实施教学活动的过程。幼儿园游戏课程活动的目的和结果具有隐蔽性，不同的年龄班在进行游戏时有着不同的要求。对于小班幼儿，在进行游戏的过程中需要尽可能地延长过程，提高教学过程中的游戏程度，淡化游戏的要求及游戏结果，增加游戏的时间。对于中、大班幼儿，对游戏的体验要求要降低，教学活动中的目的鲜明，可以缩短游戏时间，追求游戏效果。

游戏课程活动的组织在游戏类型上往往表现为成人编定的、有一定规则的规则性游戏，这些游戏通常出现在集体教学的活动过程中，为集体教学活动服务。在空间上，要为幼儿提供游戏化的教学环境；在活动内容上，要根据幼儿的游戏兴趣与要求作出相应的调整；在活动开展过程中，应营造自由、民主的积极氛围，鼓励幼儿自由交谈、分享。

### （三）生活活动中的游戏

生活活动中的游戏贯穿在每个生活环节，有时候作为环节之间的过渡，有时候作为生活活动的内容开展，有时候作为教育的手段与方式。在生活活动中安排游戏时，需要注意游戏的灵活性与针对性，并关注幼儿的兴趣与表现，根据幼儿的需求组织和设计游戏，通过游戏帮助幼儿养成良好的行为习惯，顺利地完成环节之间的过渡。

## 步骤二　活动提升

1. 各成员轮流分析收集的游戏案例，结合不同类型游戏的特点和教育意义，判断其属于什么类型，并由组内其他成员提出建议。各成员将练习情况填入表 3-2-1-1 中。

不同类型的游戏活动案例

表 3-2-1-1　幼儿游戏活动案例整理与讨论表

| 个人收集的案例 | | |
|---|---|---|
| 分析 | 游戏特点 | |
| | 教育意义 | |
| | 所属类型 | |
| 组内建议 | | |

2. 各成员描述所收集三种不同游戏案例的表现形式，在小组内分享。

## 步骤三　任务评价

| 评价项 | 评价要点 | 自我评价 | 小组评价 |
|---|---|---|---|
| 幼儿游戏活动类型整理及讨论 | 收集任务完成（0 ~ 10 分） | | |
| | 分析有理有据（0 ~ 20 分） | | |
| | 游戏类别判断准确（0 ~ 10 分） | | |
| | 语言表达流畅（0 ~ 10 分） | | |
| 游戏的不同表现形式案例整理及讨论 | 收集任务完成（0 ~ 15 分） | | |
| | 表现形式对应正确（0 ~ 15 分） | | |
| | 分析有理有据（0 ~ 10 分） | | |
| | 语言表达流畅（0 ~ 10 分） | | |
| 本任务最后得分（总分 100 分） | | | |

说明：小组各成员进行自我评价，小组评价由小组长和其他成员讨论后评价。本任务最后得分（分）= 自我评价得分 ×40% + 小组评价得分 ×60%。

# 任务二　游戏活动前的准备

## 任务情景

王老师配合主班教师一起为本班的幼儿在活动区投入了相应的游戏活动材料，并注意保证游戏材料的安全与卫生，以做好幼儿游戏活动的准备工作。那么，不同类型游戏的环境创设和材料有何差异？

## 任务目标

通过环境创设与材料投放案例及玩具图片的整理与讨论，熟悉活动前的准备工作。

## 材料准备

游戏活动环境创设与材料投放案例、游戏玩具图片及作品。

## 任务实施

### 步骤一　知识准备

### 一、不同游戏的环境创设与材料投放

丰富、支持性的游戏环境有利于促进幼儿身心素质全面发展。图 3-2-2-1 为幼儿园的环境创设举例。

图 3-2-2-1　环境创设举例

### （一）角色游戏环境创设与材料投放的要求

1. 环境创设的要求

（1）要能体现教育目标和要求。首先应明确教育目标，把目标落实到角色游戏活动计划中，再以此为依据创设相应的环境。要全方位考虑现有场地与设备，挖掘其中的特点，根据幼儿游戏的需要创设相应的环境。要充分利用环境中人或物的教育价值，挖掘环境创设的综合教育功能。

（2）要适应幼儿的年龄特征并反映个体差异。不同年龄段的幼儿有着不同的身心发展规律和特点，他们对游戏环境的需求也不同，应根据这些特点创设不同层次的环境，提供不同特点的材料来满足幼儿活动的需要。例如，同样是娃娃家游戏，小班起角色作用的中心材料"娃娃"可适当多提供一些；中班可多提供一些操作性强、能学习某种技能的主题形象材料，如筷子等，并增加一些替代物；大班材料可更趋于抽象，可适当减少中心材料，提供多样的玩具，以激发幼儿在游戏中的相互作用，满足幼儿的需要。

（3）要富有动态性与启发性。为幼儿创设的游戏环境越丰富，幼儿发展的空间就越大。游戏环境应富有启发性，并随幼儿教育发展不断更新，变化的游戏环境能有效保持对幼儿的适度刺激，激发幼儿的好奇心和活动愿望。可变性强的玩具与材料更能启发幼儿积极地想象和创造。

（4）应充分体现幼儿的主体性。幼儿是游戏的主体，也是创设游戏环境中不可缺少的参与者。保育老师应把幼儿作为环境创设的首要对象，使幼儿在游戏中真正成为小主人，通过其思想和双手布置的环境，可使他们对事物认识得更加深刻，也更加爱护环境。

2. 材料投放的要求

（1）小班幼儿角色游戏材料的投放要求。要投放一些形象的、种类少但数量多的材料和玩具，避免幼儿发生争抢。小班幼儿在逼真游戏材料投放方式下游戏的时间更长，更有利于其游戏行为的发展，所以应该给小班幼儿提供逼真的实物或模拟物。由于小班幼儿对物的表征行为的产生受物体颜色和形状的影响较大，因此投放的替代物要颜色鲜明、形状特征明显。在区域设置上，小班初期可设置宠物区，多设计一些娃娃家游戏，到中、后期，可根据需要增加幼儿相对熟悉的场所，如超市、医院等，在设置的时候应注意角色不能太多，且角色特点要鲜明，如超市应有收银台、各种逼真的食品；医院的主要角色是医生，应投放逼真的白大褂、听诊器、体温计等。

（2）中班幼儿角色游戏材料的投放要求。中班幼儿思维的直观形象性开始增强，他们可以想象出简单的游戏情节，这就需要适当丰富幼儿游戏的连贯性材料，为幼儿的创造性游戏打下基础。中班幼儿角色游戏的目的性和计划性增强，在游戏前能分配角色、商讨游戏情节，而且主题也在不断扩展，这时候可以增加一些角色游戏区，如超市、银行、烧烤店等。中班幼儿在同一主题下能实现角色之间的配合，所以设置区域时应注意区域之间的联系，以保持交流的畅通。另外，应减少逼真游戏材料的投放。

（3）大班幼儿角色游戏材料的投放要求。大班幼儿在角色游戏中可以借助一些原有的游戏或材料进行新的游戏创想，因此应该根据游戏可能生成的新主题而投放游戏材料。大班幼儿游戏的自主性增强，游戏情节逐渐复杂，对角色的理解也更细致，合作游戏增多。在材料投放上，除提供与主题相关的基本材料外，还应提供一些低结构的可操作材料，让幼儿有可能通过自己的努力创设环境。如将区域布置成照相馆的场景，投放各种颜色和形状的纸、彩笔、纽扣、珠子等，让幼儿为顾客制作服装和饰品。为了更好地合作，也可将照相馆设置在服装店或超市旁。在大班末期，注意将角色游戏的设置与幼小衔接的内容相关联，如设置模拟小学场景。

### （二）结构游戏环境创设与材料投放的要求

#### 1. 环境创设的要求

（1）创设有利于幼儿创新、自主的心理环境。营造平等、宽松、自主的心理环境，以与幼儿平等的心态和幼儿沟通，尊重幼儿的年龄特点和个性特点。游戏环境应能够满足幼儿的如下要求：自主选择结构材料，自主选择操作方式，自主选择场地，自主选择玩伴，自主选择游戏主题。

（2）创设开放、丰富的物质环境。为大型结构游戏的开展提供较固定、宽敞的场地。如果空间有限，可以提供不固定的桌面或地面，为幼儿开展小型材料、单一主题的结构游戏提供便利。结合幼儿的年龄提供各种操作材料。环境创设举例见图 3–2–2–2。

图 3-2-2-2　结构游戏的环境创设

2. 材料投放的要求

保育老师要根据幼儿的年龄特点和游戏水平选择和分配材料。图 3-2-2-3 为结构游戏相关材料。

图 3-2-2-3　结构游戏相关材料

（1）材料投放的适宜性。材料投放的适宜性体现为根据幼儿的年龄特点、在结构游戏中的表现等投放相应的结构材料。对小班幼儿，可以提供一些体积大、重量轻、形状简单、色彩鲜艳、便于操作的玩具材料。适宜在小班投放的材料包括关节积木、彩色积木等。可为中班幼儿提供种类各异、有一定难度、需用一定力度操作的材料，且应以小型建构玩具为主。适宜在中班投放的材料包括拼板积木、清水积木等。对于大班幼儿，要准备一些精细的、有难度的、创作余地更大的结构材料。适宜的材料如工程智慧片等。

（2）材料投放的适时性。材料的投放要选择恰当的时机。以在大班投放的工程智慧片为例，如果一开始将所有材料都投放给幼儿，幼儿的结构游戏水平并不能得到很好的发展，可能会仍停留在反复摆弄材料的阶段。这时就需要进行调整，要先投放主体材料，当幼儿逐渐能用主体材料构建出平面作品，如正方形、三角形、六边形等时，可将数学内容渗透其中，如对形的认识、形与形的转换、排序、单双数等；随着幼儿出现初步的立体围合行为，再及时提供表现不同形体元素的图片或照片，满足幼儿对初步立体构建的需求。随着幼儿建构能力的提高，他们已经能够在基本的立体图形上变化出不同的造型，这时就可以开始投放管状、齿轮状积木等，“交通工具”“游乐场”“动物乐园”“我们的城市”等结构主题应运而生。

（3）材料投放的安全性与多样性。由于幼儿年龄较小，对事物安全性的分析能力较差，所以为了保证幼儿在游戏过程中的安全，游戏所选择的材料必须符合幼儿使用的安全标准。材料选择要遵循多样性原则，尽可能选择多种游戏材料，以满足幼儿个性化的发展，如积木、吸管、瓶盖等。同时，为了吸引幼儿的注意力，材料色彩应该丰富，符合材料选择的色彩性要求。

（4）明确结构游戏材料的分类。对材料进行分类，能使结构游戏更加清晰可见，对游戏的开展起促进作用。例如，将奶粉罐、大型积木等归于大型材料一类，将吸管、皮筋、小型积木、串珠等归于小型材料一类；将棉布、皮质吸管、细绳等归于软质材料一类，将奶粉罐、牛奶罐、饮料瓶、积木、串珠等归于硬质材料一类。

## （三）表演游戏环境创设与材料投放的要求

### 1. 环境创设的要求

表演游戏所需要的环境创设项目主要有舞台、布景、服饰、道具等。

（1）舞台和布景。幼儿表演的场景应力求简单。如果条件允许，可以在专用游戏室里创设面积相对较大的表演区；如果条件有限，也可以根据需要用桌椅、积木临时搭建小舞台。木偶台用一块幕布将操作者遮住即可。表演用的布景应简单大方、经济实用，过于复杂的布景反而会导致幼儿精力分散，影响表演的顺利进行。但同时布景也要造型夸张、颜色鲜明，可以结合美工活动，让幼儿一起设计、制作。例如，布景中的小房子，可以用大型积木搭建，在积木上挂上或黏上金色的屋顶与门窗。表演游戏环境创设举例见图 3-2-2-4。

图 3-2-2-4 表演游戏环境创设

（2）服饰和道具。幼儿尽可能用简单的服饰和道具表现角色形象，可以根据角色要求和情节发展自己选配服饰和道具。服饰和道具可以用幼儿的各种主题玩具代替，或者和美工活动相结合。幼儿的表演游戏应体现出自由性和灵活性，当道具不足时，可以用象征性的动作去表现，如“过河”“爬山”均可用动作加语言表示。总之，表演游戏的舞台、布景、服饰和道具都应当简单、方便、实用，可以充分利用幼儿现有的游戏材料，同时因地制宜地利用废旧物品进行设计和改造。

2. 材料投放的要求

（1）材料内容有益于幼儿身心发展。幼儿身心发展受到周围事物的影响，积极、健康的材料能让幼儿的个性得到良好发展，能培养幼儿良好的心理品质，促进幼儿社会性、情绪情感的发展。

（2）选择的材料与幼儿年龄相适宜。不同年龄段幼儿的理解和表现是不同的。大、中、小班要选择不同的故事材料。例如，情节复杂的材料适合大班幼儿；小班幼儿适合情节简单、内容较少的材料。

（3）选择的材料可让幼儿做动作。表演游戏的过程中，幼儿通过对故事内容的了解，展现出动作，发展身体的平衡能力和协调能力，增加游戏体验。若仅仅只是语言交流，幼儿会很快失去兴趣。幼儿活泼、好动，善于模仿，表演游戏可以让幼儿模仿故事里人物角色的动作，或者可以让幼儿创造性地用自己的理解表演故事里的角色，以此提高表演游戏的质量。

### （四）智力游戏环境创设与材料投放的要求

1. 环境创设的要求

（1）物理环境的创设。在安全的前提下为幼儿提供丰富的游戏环境，引发幼儿的游戏和各种探索活动。对于智力游戏区，布置要点为：空间要安静、隐秘，可以帮助幼儿专心于自己的活动；要有宽敞的操作桌面，可以提供小块垫布帮助幼儿确定自己的活动空间。

（2）创设安全愉快的心理环境。从建立和谐信任的师幼关系、伙伴关系入手，尽可能鼓励他们按照自己的想法去尝试，采取与幼儿协商的方式，给他们做决定的机会。

2. 材料投放的要求

（1）材料投放的原则。投放的材料应能被不断挖掘内涵，能持续地吸引幼儿注意。这就要求材料既要具有很强的可操作性，也要能寓教育、娱乐于一体。益智区的游戏材料应最大限度地照顾到个别差异。例如，有些幼儿喜欢棋类游戏，有些幼儿喜欢解谜类游戏；有些幼儿逻辑思维能力较强，可以提供一些难度大、挑战性高的游戏。

（2）主要的智力游戏材料。智力游戏区主要投放拼图、小块积木、积塑、七巧板、穿线板、配对卡、串珠、扑克牌、插桩板、套盒、数字卡、顺序图片、棋类、嵌入箱、色子等材料，能使幼儿学习运用策略、沟通和协调，探索数学的概念、空间、图形、分类及因果关系。图 3–2–2–5 为几种常见的智力游戏材料。

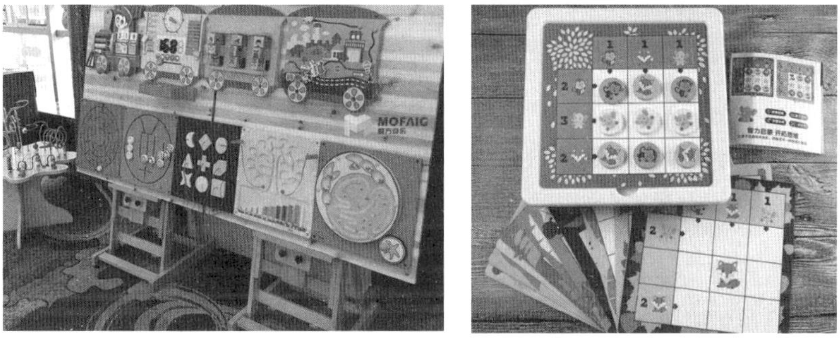


图 3–2–2–5　智力游戏材料的投放

## （五）体育游戏环境创设与材料投放的要求

### 1. 环境创设的要求

（1）创设良好的心理环境。一是要调动多种环境因素，渲染优良的环境氛围。要帮助幼儿了解自己的身体状况，适合做什么样的运动，需要利用身体的哪些部位进行怎样的活动；要教会幼儿一些活动的技巧和方法，通过活动获得运动经验。保育老师也要以身作则，积极参与到幼儿活动中。二是要引导幼儿积极互动，激发幼儿的运动热情。在进行运动预设时，要充分征询幼儿的意见。保育老师组织幼儿进行互动，可以引入竞赛机制，让幼儿以集体或个体的名义参与到活动中，并通过运动成绩获得成就感。

（2）创设丰富的物质环境。一是要科学利用户外环境。幼儿园户外环境会受到地质、地貌等因素的制约。进行户外活动环境创设，要充分考虑地质、地貌，如沙地、水泥地、塑胶地、石地、草地、水池等的地质特点，要合理进行活动配置，真正实现环境因素的科学化利用。二是要开发室内活动环境。拓展活动空间还需多进行思维整合。如在墙壁上张贴卡通运动图片，可以营造运动氛围；在地面画上一些图形、脚印，可组织幼儿进行小型的游戏活动。三是要创设体育游戏器械的良好环境。根据幼儿园的现有条件，对旧器材进行改良运用，或者创设更多活动玩法，实现器材的科学使用。

2. 材料投放的要求

（1）尊重幼儿的主体性。保育老师在组织幼儿进行游戏活动的过程中，必须充分尊重幼儿的主体地位，要从主导者转变成幼儿的配合者和支持者，使幼儿的主观能动性得到发挥，促进幼儿的个性化发展。

（2）创设具体的情境。体育活动的重要目标之一便是让幼儿的基本动作得到练习和发展。在进行游戏材料投放时，要注意增添游戏元素，丰富游戏规则，打破传统游戏的固定性特点，让幼儿始终保持对游戏活动的热情，积极地参与到游戏活动中来。图 3-2-2-6 为几种常见的体育游戏材料。

图 3-2-2-6　体育游戏材料

（3）注重混龄幼儿的发展需求。混龄幼儿身体的协调性以及动作的发展水平存在差异，在进行游戏材料投放和规则设定的时候不能一概而论。例如，过绳索桥的时候，一些幼儿会因为走不稳从桥上跌落下来，一些年龄小的幼儿则害怕得不敢挪动步子，此时就可以将这些有一定挑战难度的游戏材料进行难度层次设定，让游戏满足不同幼儿的发展需求。

## （六）音乐游戏环境创设与材料投放的要求

### 1. 音乐游戏的选择

给幼儿自由发展的空间有助于音乐游戏价值的实现。要组织好一个成功的音乐游戏，应选择合适的音乐，与音乐相关的故事情节应为幼儿所理解，角色应为幼儿所熟悉；音乐节奏鲜明、对比性强、乐段清楚，易于用动作表现；最好有歌词，便于幼儿哼唱；音乐情节要有趣，要有高潮、有起伏。

2. 环境创设和材料投放的要求

让幼儿从一开始就置身于音乐游戏所表现的意境之中，往往能激起幼儿的学习动机和欲望，引领幼儿满怀兴趣地参与音乐游戏。例如，在组织小班音乐游戏“小鱼游游”之前，提前将活动场地布置成带有一片水草的小鱼的家，幼儿很快就被气氛感染，自然地进入角色。幼儿园应充分发挥小舞台的作用，通过纱巾、帷幔等布置小舞台，定期更换和添加新材料，丰富音乐资源。游戏材料可用一些废弃的丝巾、衣服、头饰和装饰品等，还可根据动画片配置相应的服装和物品。音乐活动区通常用可移动的隔板或架子与其他活动区分开，隔板撤开后，活动材料可以共享。音乐活动区要用相关的图片装饰，如各种乐器、儿歌、乐谱等，还要准备一个小型的存放唱片、耳机等的架子，以及贴有不同标签的盒子、衣架、挂钩等，以便幼儿收拾。另外，音乐活动区应该远离图书区等需要保持安静的活动区，或者在活动区的墙上悬挂一些柔软的材料，如布挂毯等。

## 二、游戏材料选择与玩具制作

### （一）选择游戏材料的一般要求

1. 游戏材料应有教育性

为幼儿提供的材料应有利于幼儿手、脑及身体各部分的积极活动，应有助于促进幼儿的全面发展。例如，结构游戏中的拼板，可以利用雪糕棍，让幼儿自己尝试制作；结构游戏结束后，还可利用其当作角色游戏中的筷子、小桥、指挥棒等，从而实现一物多用，激发幼儿动手操作的愿望。

2. 游戏材料应符合幼儿身心发展的水平

为幼儿提供的游戏材料应符合幼儿的身心发展需要。小班应创设主题游戏环境，提供形象的玩具和材料，同一主题、同一种类的游戏材料要提供足够的数量，以方便幼儿开展独立游戏和平行游戏。中、大班幼儿的游戏材料从品种上应该增多，即注重材料的多样性。要根据幼儿的具体情况（如性别、年龄、爱好等）来挑选有助于启发幼儿思考与想象、有益于智力发展，或能帮助幼儿培养良好习惯的玩具。

3. 游戏材料要符合卫生安全需要

为幼儿提供的游戏材料要卫生、安全、便于清洗。有声响的玩具，声音要和谐，避免噪声；为幼儿提供的游戏材料应不含有毒物质。木制、金属制及塑胶制的玩具要牢固，确保不会破裂且边、角均已磨圆，表面光滑无棱角，无木渣、铁刺等；玩具的零配件应结实，不易脱落。为幼儿提供的游戏材料应容易清洗和消毒，一般来说，聚乙烯塑料玩具最易清洗，经过暴晒即可达到消毒目的；皮毛制的、毡制的玩具都不易消毒且带菌数高，不应提供给幼儿使用。

4. 游戏材料提供应开放，能满足幼儿多种游戏的愿望

幼儿的游戏材料要真正发挥“以物代物”“一物多用”的作用，变化多样、玩法随意，有利于幼儿发挥创造力。当新的游戏材料出现时，保育老师要向幼儿交代玩具的性能、玩法及维护的方法等。保育老师还应充分尊重幼儿选择游戏的意愿，鼓励幼儿制作玩具。

### （二）游戏玩具制作的一般程序和注意事项

1. 游戏玩具制作的一般程序

游戏玩具制作案例

（1）根据活动目标和活动需要，确定材料的种类和数量。

（2）收集和选择合适的材料，注意收集日常生活中的废旧材料和可利用的零星材料。收集废旧材料时还可以发动幼儿和家长一起收集，不但可以增加幼儿对幼儿园游戏活动的参与意识，也可以培养其环保、节约的好习惯。

（3）保育老师协助教师共同制作，也可鼓励幼儿参与制作。

（4）平时注意检查玩具的使用情况并注意保养，发现问题后及时解决。

2. 游戏玩具制作的注意事项

（1）游戏材料必须符合安全、卫生的要求。

（2）玩具的大小、轻重应方便幼儿的使用。图 3-2-2-7 为自制的玩具。

（3）平时做好玩具的清洗、消毒工作，确保其安全性。

（4）做好日常保养及修补工作，保证玩具完好，确保其使用效果。

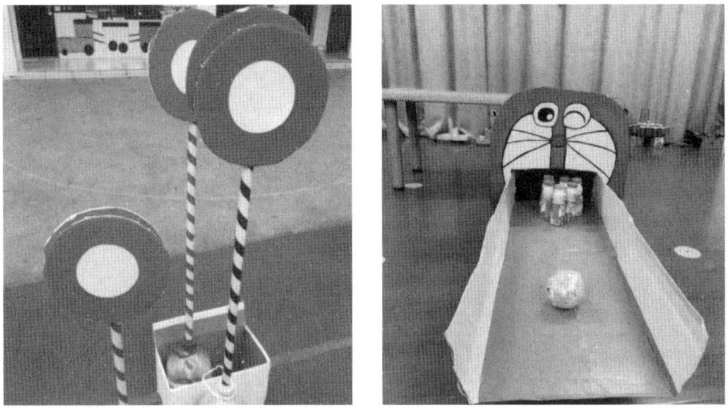

图 3-2-2-7　自制的体育玩具

## 步骤二　活动提升

1. 以小组为单位，分工整理所收集的幼儿园游戏活动案例，并结合所学知识进行讨论，将讨论结果填入表 3-2-2-1 中。

表 3-2-2-1　游戏活动环境创设与材料投放的整理及讨论表

<table>
<tr><td rowspan="4">活动基本信息</td><td>活动类型</td><td colspan="2">角色 □　结构 □　表演 □　智力 □　体育 □　音乐 □</td></tr>
<tr><td>活动名称</td><td colspan="2"></td></tr>
<tr><td>活动场所</td><td>室内 □</td><td>室外 □</td></tr>
<tr><td>活动过程</td><td colspan="2">（可采用文字、图片、视频或音频等形式记录）</td></tr>
<tr><td rowspan="4">环境创设情况讨论</td><td>体现教育的目标和要求</td><td colspan="2"></td></tr>
<tr><td>适应幼儿的年龄特征并反映个体差异</td><td colspan="2"></td></tr>
<tr><td>富有动态性与启发性</td><td colspan="2"></td></tr>
<tr><td>充分体现幼儿的主体性</td><td colspan="2"></td></tr>
<tr><td rowspan="2">材料投放情况</td><td>投放的材料</td><td colspan="2"></td></tr>
<tr><td>是否符合要求</td><td colspan="2"></td></tr>
</table>

2. 将小组分工收集的 6 类游戏玩具图片（每类至少 2 张）进行整理，轮流展示自己所收集的图片以及结合图片制作的玩具，并说明制作的过程，然后由组内其他成员提出建议。将活动过程简要记录在表 3-2-2-2 中。

表 3-2-2-2　游戏玩具的制作

| | | |
|---|---|---|
| 个人收集的游戏类型 | | |
| 个人收集的玩具图片 | | |
| 个人制作的玩具 | 玩具的名称 | |
| | 制作所使用的材料 | |
| | 制作的过程 | |

## 步骤三　任务评价

| 评价项 | 评价要点 | 自我评价 | 小组评价 |
|---|---|---|---|
| 游戏环境创设与材料投放案例整理及讨论 | 收集整理任务完成（0 ~ 10 分） | | |
| | 整理内容详细正确（0 ~ 20 分） | | |
| | 积极参与团队讨论（0 ~ 10 分） | | |
| | 语言表达整体流畅（0 ~ 10 分） | | |
| 游戏玩具图片收集与制作 | 收集任务完成（0 ~ 10 分） | | |
| | 玩具制作任务完成（0 ~ 10 分） | | |
| | 自制玩具所适用的游戏类型正确（0 ~ 10 分） | | |
| | 玩具安全、适用（0 ~ 10 分） | | |
| | 语言表达流畅（0 ~ 10 分） | | |
| 本任务最后得分（总分 100 分） | | | |

说明：小组各成员进行自我评价，小组评价由小组长和其他成员讨论后评价。本任务最后得分（分）= 自我评价得分 ×40% + 小组评价得分 ×60%。

# 任务三　游戏活动中的观察与指导

## 任务情景

区域游戏时间开始了，张老师在各区域之间来回查看，幼儿经常被打断游戏回答她的问题。张老师还经常直接分配幼儿扮演的角色，如今天该谁扮演公主等。张老师的做法是否合适？

## 任务目标

通过游戏活动案例的整理与讨论，掌握游戏活动的观察与指导方法。

## 材料准备

有矛盾冲突的游戏活动案例、有安全问题的游戏活动案例。

## 任务实施

### 步骤一 知识准备

## 一、游戏活动中的观察方法和指导要求

### （一）主要观察方法

1. 时间抽样观察法

时间抽样观察法是对特定时间内幼儿所发生的行为进行观察和记录的方法，主要观察行为是否出现。观察可以每天一次或数次，每次在规定时间内进行，以若干分钟为时间单位。

2. 事件抽样观察法

事件抽样观察法是观察者事先确定观察目的，选择某种或某类事件作为观察的目标，在观察中等待该种事件的发生并仔细观察事件全过程，同时加以记录的方法。这种观察方法不受时间限制，只要行为出现，就加以记录。观察者可以借助录音、录像等手段把观察到的事件及时记录下来，可以事先制作游戏观察记录表，如表 3–2–3–1。

表 3–2–3–1 游戏观察记录表

<table>
<tr><td>被观察对象</td><td></td><td>性别</td><td></td><td>班级</td><td></td><td>观察者</td><td></td><td>观察时间</td><td></td></tr>
<tr><td>场景描述</td><td colspan="4"></td><td>观察目的</td><td colspan="4"></td></tr>
<tr><td>观察记录</td><td colspan="9"></td></tr>
<tr><td>分析与反思</td><td colspan="9"></td></tr>
</table>

### （二）指导要求

1. 保育老师是幼儿游戏的支持者和参谋者

保育老师只有站在幼儿的立场，以支持者和参谋者的角色出现在游戏

中，才能尊重和发挥幼儿的自主性。而若作为指挥者，则很容易破坏幼儿游戏的主体地位。

2. 保育老师的指导要以观察为基础

保育老师只有通过观察，才能知道幼儿的游戏主题是什么，各自的角色职责是什么，幼儿在游戏中表现出怎样的经验，游戏中遇到什么困难等，这样才能做到游戏指导有的放矢。

3. 保育老师的指导以间接指导为主

保育老师的指导方式有直接指导和间接指导两种方式。直接指导在一定程度上会影响幼儿游戏的自主性和主动性，使幼儿被动接受。所以保育老师要在不影响幼儿主动性的情况下，以间接指导的方式促进幼儿的游戏进行。间接指导方式主要包括角色扮演、提供材料、平行游戏、语言指导等。

4. 保育老师介入幼儿游戏的时机

保育老师介入幼儿游戏的时机，要把握好必要性和适时性，一般如下。

（1）幼儿在游戏中出现不安全的倾向。幼儿年龄小，缺乏安全知识和自我保护能力，所以如果游戏中出现不安全的倾向，保育老师要及时介入，如在结构游戏中建构材料堆得太高，有可能倒塌并砸向幼儿时。

（2）幼儿在游戏中出现过激行为。幼儿在游戏中容易因为角色、材料等问题产生矛盾，但幼儿解决矛盾的能力不足，自控能力较弱，容易出现过激行为，这时保育老师要及时介入。

（3）幼儿在游戏中主动寻求帮助。当幼儿在游戏中主动寻求帮助时，保育老师须及时回应，但回应并不是有求必应，也不是直接告诉其答案，可根据实际情况给予提醒和启发。

（4）幼儿在游戏中遇到困难，想放弃。幼儿在游戏中遇到困难是正常的，当幼儿努力多次却没有成功，想放弃时，保育老师可及时介入，要鼓励幼儿继续努力，并提供恰当的指导，以增强幼儿信心。

（5）幼儿在游戏中反映消极内容。游戏是幼儿已有生活经验的反映，但生活中有些内容是消极的，幼儿缺乏判断能力，光顾着好玩而违背教育目的时，保育老师应介入。

介入时机还有很多，此处不再列举。总之，保育老师必须在观察幼儿、了解幼儿的需要后，把握适当时机介入，才是具有真正意义的回应。

## 二、游戏活动中的观察和指导要点

### （一）角色游戏

#### 1. 角色游戏的观察要点

在对角色游戏进行观察时，建议以随机的参与型观察为主。角色游戏观察的要点如下。

（1）观察游戏开始与参与的方式。例如，游戏如何开始，是由幼儿发起还是由保育老师或另一名幼儿发起；该幼儿是否参与另一名或另一组幼儿的游戏；如果参与，使用什么方式。

（2）观察游戏发生的区域与过程。例如，游戏发生在哪个区域；行动方式或者事件的顺序是什么；关于游戏，幼儿有哪些评论及语言互动。

（3）观察游戏结束的方式。如果是独自游戏，幼儿是如何结束游戏的；幼儿是否离开去参与其他活动；如果与其他幼儿一起，是否先离开；该游戏是否发展成其他类型；游戏持续多久；是什么使游戏结束，或谁负责结束游戏；幼儿如何解散，情绪如何等。

（4）观察幼儿在游戏中的安全与卫生。一旦游戏中出现了危及幼儿人身安全的因素，保育老师就必须及时地直接介入予以消除。

（5）观察游戏中出现的不良行为。游戏中往往会有个别幼儿出现攻击别人、故意捣乱、抢夺玩具甚至骂人等不符合社会行为规范，明显违背游戏常规的行为。保育老师须进行个别指导，加强管理，但切忌在不了解真实原因时就粗暴斥责幼儿。

（6）观察游戏中幼儿的求助。在游戏时，幼儿发现困难或出现不能自行解决的纠纷，主动向保育老师请求帮助时，保育老师要及时予以回应，给以指导。

#### 2. 小班幼儿角色游戏的指导要点

（1）示范引导，促进游戏行为。小班幼儿的角色意识不强，处于各自游戏的平行游戏阶段。保育老师可通过角色扮演介入幼儿的活动，以自己的游戏行为和角色语言为幼儿作示范，诱导幼儿的游戏发生。在幼儿熟悉幼儿园后，可逐渐引导幼儿简单的交往行为，如一起扮演爸爸、妈妈，初步体验集体游戏的乐趣。

（2）在游戏情景中展开评价。游戏准备结束时，保育老师可直接进入角色区内，询问幼儿对自己所扮演的角色的看法，结合出现的问题、玩法进行分析评价，这有助于幼儿直接感知游戏的内容与角色特征，从而为下一次游戏做好铺垫。

3. 中班幼儿角色游戏的指导要点

（1）鼓励幼儿参与环境创设。除了丰富游戏主题，还可以通过讨论让幼儿参与到游戏主题的确定与环境的创设中来，角色游戏的环境创设不再仅仅是预设，而成为幼儿游戏内在的组成部分，是对幼儿角色游戏整体的完善与修复，这让幼儿感觉游戏环境是自己的，环境和自身产生亲密的关系，会使幼儿的参与度、积极性和创造性更高。

（2）引导幼儿协商分配角色。中班幼儿交往技能欠缺，常常发生争执，故而当幼儿在游戏中出现冲突时，保育老师应注意引导幼儿学会等待、轮流。在游戏结束后的评价中，保育老师可以就这些问题和幼儿对话，进一步发挥幼儿的主动性和积极性。

4. 大班幼儿角色游戏的指导要点

（1）注重培养幼儿独立开展游戏的能力。大班幼儿对角色游戏已经非常熟悉，加之其对社会认识也更丰富与深入，角色意识、规则意识逐步增强，出现冲突时能够相互协商。保育老师可以引导幼儿通过协商选出组长、分配角色；鼓励幼儿在游戏中进行创造；通过游戏讲评，充分地讨论问题、分享经验、学会学习和创造。

（2）促进游戏技巧的提高。当游戏出现阻碍，难以进展时，保育老师应及时介入，以推进游戏的进一步发展，鼓励幼儿通过讨论建立角色之间的良好关系。

## （二）结构游戏

1. 结构游戏的观察要点

（1）观察幼儿的建构行为能力。幼儿建构的作品没有好与坏之分，保育老师应经常对幼儿在结构游戏活动中所表现出来的行为能力给予综合性的肯定，在此基础上对具有目的性、坚持性和创造性的行为给予鼓励和表扬。在结构游戏中主要应观察幼儿在活动过程中是怎么发展的，只要有发展就要给予肯定。

（2）观察幼儿掌握与遵守结构游戏规则的情况。游戏规则的内化过程中所涉及的对规则的理解、遵守和用规则进行的同伴协作交往等，是幼儿智力和创造性发展的有力保证。因此，在每次游戏活动结束时简单地讲评幼儿在活动中遵守规则的情况是很有必要的。例如，幼儿是否爱护结构游戏材料，是否能与其他幼儿进行必要的协商等。

（3）观察幼儿的创造性建构经验。幼儿在建构中有很多的成功经验，而每个幼儿的探索思维都是不同的，因而具有较多的个体成功经验。保育老师要勤于观察，耐心细致地观察每个幼儿的每段活动情景。其次，幼儿相互启发，智慧相互交融，可以使他们在分享中获得不同程度的提高，包括技能、情感等多个方面。

（4）观察幼儿在建构过程中的协商与合作能力。中型作品需要小组成员的协商，大型作品需要更多的幼儿进行协商。例如建造一条大街，一个人是不能完成的，几个幼儿在一起经过协商，有的铺路、有的架立交桥、有的建路旁的高楼，一条大街很快就可以建成了。因此，保育老师应观察幼儿在建构物体的过程中，他们之间是否有目光接触、语言交流或动作交流；观察幼儿如何分配材料，材料的使用是否有争抢、打闹的现象；观察幼儿如何分工合作建构以及解决建构过程中出现的问题。

2. 小班幼儿结构游戏的特点和指导要点

（1）小班幼儿结构游戏的特点。小班幼儿的建构活动往往是无意识、无目的的，建构为独自游戏和平行游戏，只对搭的动作感兴趣，而不在乎搭出什么。小班幼儿在建构中常常更换建构作品的名称，或是等建构完成后再根据建构物的某一外部特征来给作品命名，但他们一般不能明确解释作品的细节。因此，小班幼儿的结构游戏嬉戏性较强，作品结构较为简单。

（2）小班幼儿结构游戏的指导要点。保育老师要引导幼儿认识积木、纸盒等结构材料，引起幼儿运用材料进行结构游戏的兴趣；带领幼儿参观中、大班幼儿的结构游戏，引起幼儿对结构游戏的兴趣；为幼儿安排场地，准备足够数量的结构玩具材料；积极鼓励幼儿在自己的操作中探索学习建构技能，鼓励幼儿独立地建构形状简单的物体，并能表现其主要特征，如搭建门、桌子、床等；引导幼儿学习连接、延长、围合、加宽、垒高等主要技能，搭建简单的三维物体，如让小班幼儿在建构区搭建马路、围墙等；引导幼儿建立结构游戏的规则，如轻拿轻放、不乱扔材料、玩后要收拾整理等，让幼儿学习收拾整理材料的方法。

3. 中班幼儿结构游戏的特点和指导要点

（1）中班幼儿结构游戏的特点。中班幼儿已具有一定的建构水平，手部小肌肉动作逐渐发展，思维、想象、生活经验等更加丰富，建构的目的性增强，建构的坚持性也在增加，建构水平由单一的延展向整体布局过渡。中班幼儿已能运用已有经验对物体进行再现和创作，但是建构作品大部分不讲究对称和平衡。

（2）中班幼儿结构游戏的指导要点。保育老师应增加中班幼儿对造型方面的知识和训练，如引导幼儿学会选择高低、宽窄、厚薄、长短不一的材料搭建不同的物体；在小班搭建经验的基础上，引导幼儿学习架空、覆盖、桥式和塔式等建构技能，形成里外空间的概念，如可以学习搭高楼、架大桥等；提供作品构造图，引导幼儿学习看图纸搭建；引导幼儿有目的、有计划、有顺序地搭建，学习与同伴合作，共同完成一个物体的搭建，如三名幼儿合作搭建公园、停车场等。

4. 大班幼儿结构游戏的特点和指导要点

（1）大班幼儿结构游戏的特点。大班幼儿已经具有一定的独立建构能力，掌握了一定的搭建技巧，会使用辅助材料，事先能进行一定的设想和规划，并能通过分工、合作完成一项较为复杂的工程。大班幼儿能够搭建出有场景、有情节的较高水平的建筑群，且其建构作品多为立体结构，讲究对称和平衡，比较形象。

（2）大班幼儿结构游戏的指导要点。在中班搭建经验的基础上，保育老师应引导幼儿学习转向、穿过、平式联结和交叉联结等建构技能，搭建复杂的三维物体，如立交桥、拱形门等；引导幼儿掌握整齐对称、平衡的构造，尝试整体布局，学习选择使用辅助材料，如在公园里搭建相呼应的前门和后门，在住宅区里搭建左右对称的凉亭、路边的花草等；引导幼儿在搭建前学习商讨、分工，进行一定的设想和规划，通过分工、合作完成一项较为复杂的工程。

### （三）表演游戏

1. 表演游戏的观察要点

保育老师应通过观察表演游戏中幼儿的游戏状态，了解幼儿表演能力的发展情况，以更好地指导幼儿的表演游戏，包括以下两个方面。

（1）保育老师针对全体幼儿进行观察。观察幼儿在表演游戏中是否全部参与进来，若有幼儿游离在游戏之外，保育老师要引导幼儿参与到游戏中；观察幼儿的整体状态如何，幼儿情绪是否愉悦；结合不同年龄段幼儿的特点，观察幼儿的语言、动作、表情等，以了解幼儿表演能力的发展情况；观察表演游戏中游戏材料的使用情况，包括所投放的材料数量是否适宜，材料的结构化程度是否适宜等。

（2）注重个别幼儿的参与情况。保育老师可以在不同的表演游戏时间分别选择具有代表性的幼儿进行观察。例如，针对性格内向、语言不多、与同伴交往较少的幼儿，观察其在表演游戏中的语言运用情况和与同伴的交往情况；针对表演游戏中表演能力偏低的幼儿，可以观察其具体的表演能力，哪个方面还需要引导，并分析要如何引导。

2. 小班幼儿表演游戏的指导要点

小班幼儿的表演游戏以培养兴趣为主，保育老师要注意引导幼儿喜欢上表演游戏。保育老师的指导要点有：帮幼儿分配角色，教幼儿学会轮流表演；当幼儿表演的道具不够丰富时，要适当投放；当幼儿有动作表现不出来或动作比较单一时，要指导幼儿比较形象地表演；可以利用相机等工具记录幼儿游戏的片段，为讲评环节做准备。

3. 中班幼儿表演游戏的指导要点

中班幼儿在情节表现力上有较为明显的发展，内容较丰富，能发挥一定想象，计划性和组织性也强。保育老师的指导要点有：教幼儿学会分配角色；提供适宜的游戏空间和时间，提供准备好的材料；在游戏展开阶段，帮助幼儿提高角色表现意识，也可参与幼儿的游戏，为幼儿提供适当示范；耐心与幼儿协商探讨，提醒幼儿坚持游戏主题。

4. 大班幼儿表演游戏的指导要点

大班幼儿能在表演前先理解故事内容、情节发展、角色的动作与对话，按照作品中的人物分配角色、准备道具，并能自编自演，把带有部分创作的故事更戏剧化地表演出来。保育老师的指导要点有：提供多种材料，让幼儿在探索中更好地诠释角色；尽量不干预幼儿的行为，让他们有发挥自己才能的余地；仔细观察幼儿的表现，及时为幼儿提供反馈；提醒幼儿注意表情动作的夸张、语态语调的生动，提高其塑造角色的能力。

### （四）智力游戏

#### 1. 智力游戏的观察要点

（1）小班幼儿智力游戏的观察要点。小班幼儿满足于操作、摆弄物品等活动，在操作、摆弄中观察、记忆、学习、解决问题。因此，小班幼儿智力游戏的观察重点是幼儿如何利用玩具，如何通过操作与摆弄物体创造性地解决问题等。

（2）中班幼儿智力游戏的观察要点。首先，中班幼儿的游戏水平有了极大提高，幼儿不断拓展游戏空间，他们不但爱玩，而且会玩，因此需要观察幼儿能否自己选择和制定游戏的主题，寻找不同的玩法，以及他们的游戏能力和游戏积极性如何。其次，中班幼儿的游戏开始进入近似成人的世界，在游戏的观察上，要注意幼儿在游戏中表现的社会性水平，要关注其在游戏中的表现。最后，要观察幼儿的思维状况，即幼儿对游戏工具和材料的选择和运用，遇到问题时思考和解决问题的品质等。

（3）大班幼儿智力游戏的观察要点。首先，观察大班幼儿的合作意识，如他们是否会选择喜欢的玩伴，与幼儿一起开展合作性游戏。其次，观察幼儿是否明白公平原则和需要服从集体约定，能否向其他幼儿介绍、解释游戏规则。最后，观察幼儿分类、推理、判断等能力以及敏捷性、灵活性、独创性等品质的发展与表现如何。

#### 2. 智力游戏的指导要点

（1）小班幼儿智力游戏的指导要点。小班幼儿智力游戏的趣味性大于实际操作性，启发性大于知识性，规则要求低，游戏指导时应注意对幼儿的兴趣及参与意识的培养，激发幼儿学习知识的愿望。每个智力游戏有不同的智育任务，保育老师要熟悉游戏的目的、难点、重点、规则和相关知识，以发挥其开发智力的作用。

（2）中班幼儿智力游戏的指导要点。中班幼儿智力游戏的知识性大于娱乐性，注重趣味性及幼儿实际操作能力的培养，规则要求相对提高，游戏指导时要注重幼儿在完成游戏任务的同时遵守规则，并在游戏中教给幼儿一定的知识概念；在为幼儿选择智力游戏时要循序渐进、由易到难，激发幼儿去思考；在游戏开始前，需要示范和讲解游戏的玩法和规则。指导要注意激发幼儿学习的积极性，努力完成任务的坚持性以及思维的敏捷和灵活性，注意培养幼儿动手、动脑的习惯，以发展幼儿智力为最终目的。

（3）大班幼儿智力游戏的指导要点。大班幼儿智力游戏的综合性提高，知识性大于娱乐性，创造性增强，规则要求可以改变。在选择智力游戏内容时，应注意游戏本身的趣味性和吸引力，内容应有一定难度，让幼儿通过动脑思考后完成游戏任务。游戏中应让幼儿多用语言表达，互相交流。

### （五）体育游戏

#### 1. 体育游戏的观察要点

（1）观察幼儿对基本动作的掌握程度，以及相关动作技能完成的质量，以了解游戏动作是否适合幼儿的发展水平，以及时调整动作难度。

（2）根据幼儿在运动中的发热、出汗情况，及时调整运动量，保证适宜的运动量。

（3）观察幼儿在游戏中的情绪状态，以了解幼儿对游戏参与的积极性与主动性，同时注意根据幼儿情绪的变化，发现和捕捉幼儿的兴趣点。

（4）观察幼儿对运动器械的操作使用情况，包括使用频率、操作方法的多样性和创造性等情况，以适时调整材料的投放数量与种类。

（5）了解游戏场地的使用情况，是否存在过于拥挤或者利用率较低的情况，是否有利于游戏的顺利开展，以合理规划设计游戏场地。

（6）根据幼儿对规则的使用情况和角色的分配情况，了解游戏规则、分组方法是否有益于全体幼儿积极参与锻炼。

（7）根据幼儿在游戏中的社会性水平，包括幼儿对结果的反映，以了解幼儿的关注点，注意幼儿对胜负结果是否过于在意，要及时解决幼儿可能发生或存在的矛盾。

#### 2. 体育游戏的指导要点

（1）游戏前做好准备。检查器械是否清洁、牢固，数量是否充足，场地是否平整、干净，幼儿是否佩戴好相关的头饰、标志等；观察幼儿的服装是否合乎进行体育游戏的要求、穿戴是否安全等；重视游戏前的准备活动，使幼儿的身体由平静的状态逐渐过渡到活动状态。

（2）把握适当的活动量。活动量太小，对健康作用不大，难以达到锻炼身体的目的；活动量太大，超过了幼儿身体所能承受的范围，对健康不利，甚至有害。保育老师应根据幼儿的具体情况及时观察、调节活动量。

（3）提醒幼儿遵守游戏规则。保育老师在介绍游戏玩法时，应强调游戏的规则，并将之作为评定胜负的重要条件。在游戏中，保育老师要注意观察幼儿执行规则的表现并分析原因，及时提醒，可暂停游戏，修改或重审规则，以明确要求。

（4）注意幼儿身体姿态和动作的正确性。身体姿态正确与否影响幼儿良好端正体态的形成，同时，正确的姿势能够提高动作的质量，达到锻炼的目的。幼儿身体姿态和动作错误时，保育老师应用语言提示或中止练习，并及时予以纠正。对小班幼儿，保育老师可用亲切的口吻说明姿势正确的意义，以引起幼儿的注意。在对竞赛性游戏评定胜负时，保育老师也可对幼儿在游戏中的身体姿势正确与否进行评价。

（5）注意安全。保育老师要随时检查场地器材是否安全，查看幼儿使用器械的方法是否正确。活动场地要有一定的范围和路线。同时，保育老师要在游戏中给幼儿必要的保护与帮助，尤其对体弱、胆小和动作迟缓的幼儿，更要加强保护。

### （六）音乐游戏

#### 1. 自娱性音乐游戏的观察和指导要点

自娱性音乐游戏的特点是自发性、趣味性、随机性，这决定了对幼儿的指导应少之又少，基本上为背后的隐形指导，即提供游戏材料或间接指导。但保育老师并不是放任不管，而是应密切观察幼儿的游戏，适时介入。

#### 2. 教学性音乐游戏的观察和指导要点

（1）注重游戏过程中的音乐体验。保育老师可以用音乐语言或富有感情的动作、表情，让幼儿从听、说、动、想等多个方面感受音乐、体验音乐、领悟音乐。保育老师不能单纯地指导幼儿如何进行游戏，而是应与幼儿一起感受音乐游戏的快乐。

（2）要引导和激发每一个幼儿的参与兴趣。幼儿对音乐的感知能力和表现能力是有差别的，保育老师要尽量了解每一个幼儿，促进每一个幼儿的发展。当幼儿没有兴趣时，保育老师可以参与到游戏中去，通过示范与鼓励重新激发起幼儿对游戏的兴趣。

（3）给幼儿充分表现自我的机会。保育老师在组织开展音乐游戏时，要努力创设一个民主、自由、宽松的游戏氛围，不拘泥于游戏中的规则，充分认识到幼儿是游戏的主体、是游戏规则的制定者，而保育老师仅仅是支持者、参与者和引导者。

## 三、游戏活动中的安全问题与应对

保育老师在游戏的设计、组织过程中要树立“安全第一”的观念，要预知并尽可能提前排除游戏活动中可能会出现的不安全因素，在游戏时不但要说明游戏的方法与规则，还要时刻注意观察幼儿的活动情况，以保障幼儿活动的安全，确保游戏顺利进行。

### （一）幼儿游戏活动中可能出现的不安全因素

幼儿游戏活动中的安全问题主要由两种因素引起。

1. 环境材料因素

引起危险的环境因素主要有三大类：游戏器械设置不合理、游戏场地不合适、阴雨天气引起地面湿滑。例如，绳梯秋千和木板秋千设置得太靠近，经常会有幼儿相撞；探险区的大树下面树根凸起，容易使幼儿摔跤。环境材料因素总体上来说属于较固定的因素，幼儿园方面定期维修、检查器械玩具，保育老师在游戏前细致检查班级活动的区域，很大程度上可以减少危险的发生。

2. 幼儿自身因素

造成危险的因素当中，幼儿自身因素占比较大。这主要是由于幼儿安全意识薄弱、运动水平不强，以及存在不遵守游戏规则等情况造成的。

（1）安全意识薄弱。这是最主要的自身因素，很多时候幼儿意识不到行为的危险性。这与幼儿的思维认知特点有关，例如，幼儿在爬梯时，开始爬时不会关注对面是否有人，常出现爬到一半两个人狭路相逢时都不肯退让的问题，这个时候就会出现推挤的危险行为。

（2）运动水平不强。幼儿运动水平不强是造成危险的第二大因素。例如，幼儿在探险区走绳索的时候常因臂力不够而掉下去，或者在跨越的时候因能力不足而不敢跨。

（3）幼儿不遵守规则，或者对风险判断不准。例如，幼儿从上往下跳时，知道跳到棉垫上才安全，但是幼儿不愿意跳或因错误判断而跳过棉垫。

### （二）不安全因素的解除原则

#### 1. 幼儿为主体——自我保护

自我保护能力是指对安全的认识、理解和对周围环境中各种不安全因素的敏感判断及回避等。安全不是被动地等待教师的帮助或保护，而是需幼儿主动去获得。保育老师应该承认幼儿是具有主观能动性的人，是学习的主人，想让幼儿在日常的生活中增强自我保护的意识，就需要不断激发幼儿自我保护的积极性和主动性。

#### 2. 保育老师为主导——合理保护

幼儿游戏活动中，保育老师做得最多的就是观察。“读懂孩子，观察先行”，保育老师要善于关注幼儿的情绪，以免幼儿因情绪而影响游戏行为。幼儿的情绪较外露，而且比较容易受外界因素的干扰，保育老师要通过幼儿的表情、动作等方面的细微变化来判断幼儿情绪的好坏。保育老师要把握“合理”的度，要通过观察来确定幼儿的真实需要。保育老师要防止过度保护，但也不能矫枉过正。

随着幼儿自主意识和各方面能力的发展，幼儿会逐渐具备自我保护的意识和能力。因此，保育老师不能过分对幼儿包办代替，否则只会使幼儿丧失自我保护的能力，丧失主动学习的积极性和自主性。

## 步骤二　活动提升

1. 整理小组分工收集的 6 类游戏活动案例（案例中应体现矛盾冲突，或体现保育老师的观察与指导过程），结合知识对案例中存在的问题与应对方法进行总结分享，并由其他成员提出建议。将相关信息填入表 3-2-3-2 中。

室内游戏活动中的保育案例分析

表 3-2-3-2　游戏活动案例整理及讨论表

| | |
|---|---|
| 个人收集的活动案例 | |
| 存在的问题 | |
| 应对的方法 | |

2. 整理所收集游戏活动中的安全隐患（至少 3 处）。如果你是指导老师，请说明你会怎么解除场景中的不安全因素，并请其他成员提出建议。将相关信息填入表 3-2-3-3 中。

游戏活动场景中的安全保育案例分析

表 3-2-3-3　活动场景安全问题的整理与讨论表

| | | | |
|---|---|---|---|
| 个人见解 | 安全隐患 | 1 | |
| | | 2 | |
| | | 3 | |
| | 做法建议 | 1 | |
| | | 2 | |
| | | 3 | |
| 小组建议 | | | |

## 步骤三　任务评价

| 评价项 | 评价要点 | 自我评价 | 小组评价 |
|---|---|---|---|
| 游戏活动中的问题案例及讨论 | 收集任务完成（0 ~ 10 分） | | |
| | 存在问题描述正确（0 ~ 10 分） | | |
| | 应对措施正确（0 ~ 10 分） | | |
| | 积极提出个人建议（0 ~ 10 分） | | |
| | 语言表达整体流畅（0 ~ 10 分） | | |
| 游戏活动场景中的安全隐患案例及讨论 | 安全隐患整理完成（0 ~ 15 分） | | |
| | 安全隐患应对正确（0 ~ 15 分） | | |
| | 积极提出个人建议（0 ~ 10 分） | | |
| | 语言表达整体流畅（0 ~ 10 分） | | |
| 本任务最后得分（总分 100 分） | | | |

说明：小组各成员进行自我评价，小组评价由小组长和其他成员讨论后评价。本任务最后得分（分）= 自我评价得分 ×40% + 小组评价得分 ×60%。

# 任务四　游戏活动后的收整与配合评价

## 任务情景

幼儿都很喜欢区域游戏，每天游戏结束的时候总是恋恋不舍的。班里的老师每次都要催促很久，才能让所有的幼儿都结束游戏去洗手和喝水。所有幼儿都离开了区域，可区域里一片狼藉……

## 任务目标

通过情景模拟与活动评价，熟悉游戏活动后的收整与配合评价工作。

## 材料准备

情景模拟所需的游戏材料、游戏活动案例。

## 任务实施

### 步骤一　知识准备

## 一、游戏材料的收整

游戏的结束环节既是本次游戏的结束，也是下次游戏的准备和起始，保育老师应配合教师做好游戏的结束环节。在教师发出活动结束的指令后，保育老师要与幼儿和教师共同对活动场地、设备，活动中使用的工具、材料等进行初步收拾和整理。

### （一）收整游戏材料和场地

#### 1. 愉快地结束游戏

愉快地结束游戏，应注意以下三个方面：一是在游戏时间快到时，提前提醒幼儿，让幼儿做好准备；二是根据幼儿游戏的实际表现，选取游戏结束的时机，最好是在幼儿兴致降低但还保持游戏兴趣的时候，以利于下次游戏的开展；三是注意游戏结束的形式，最好是以游戏的形式结束游戏，如娃娃睡觉了、超市下班了等。

2. 收整游戏材料和场地

保育老师应指导幼儿在游戏结束后整理场地、收拾玩具材料。对于小班的幼儿，收整要以保育老师为主，但可以注重培养幼儿游戏后的整理意识，也可以引导部分幼儿整理游戏环境。对于中班幼儿，游戏后的整理与收拾工作应以幼儿为主，保育老师在必要时给予帮助。对于大班幼儿，保育老师只起一定的引导作用，应培养幼儿独立整理与收拾的能力。

### （二）玩具的清洁和消毒

1. 玩具清洁和消毒的原则

（1）玩具清洁和消毒的频率通常以每周一次为宜，不要用同一块抹布到处擦，尤其不能用清洁家居的抹布来擦拭幼儿的玩具。

（2）要选择合适的清洁消毒用品和方法。

（3）玩具洗涤后要用大量清水冲洗（电动玩具除外）。用流动的清水冲洗玩具，可以减少洗涤剂的残留。玩具清洗后要在通风或阳光直射处晾晒，彻底风干。

2. 不同玩具清洁和消毒的方法

（1）毛绒玩具。可使用幼儿专用的洗衣液，最好手洗，充分漂洗后在向阳通风处悬挂晾干，阳光中的紫外线可以起到杀菌消毒的作用。

（2）塑胶玩具。先用干净的毛刷蘸取清洁液刷洗，然后用大量的清水冲洗干净，之后放在网兜内悬挂晾干，也可以放入干净透气的塑料筐内使其自然风干或日晒。

（3）固齿玩具。有一些固齿玩具可以放到消毒锅内用高温蒸汽消毒。不能用高温蒸汽消毒的固齿玩具也可以放入家庭用的餐具消毒柜，用紫外线或臭氧来消毒。

（4）木制玩具。在清洁木制玩具时，先用一块干净的纱布或手帕蘸取清洁液擦拭玩具的表面，再用大量清水冲洗，最后用干净的纱布或手帕把玩具表面的水珠抹净，分开摆放在清洁的平面上晾干，晾晒时还要翻动一下，让不同的侧面都能充分干燥。木制材料在潮湿的环境下容易发黑、霉变，所以这类材料玩具最好能时常暴晒。

（5）电动玩具。若电动玩具不小心进水，会损坏里面的电子元件，使玩具丧失功能。在清洁前要先拆下电池，然后用洁净的湿布擦拭。要想彻底给电动玩具消毒，可以使用无菌纱布蘸取75%的医用酒精来擦拭表面，等酒精完全挥发后再给幼儿玩。

（6）户外玩具。这类玩具用干净的布块或毛巾、肥皂、水来清洁就可以了。如果想彻底消毒，可以用干净的布块或毛巾蘸取75%的医用酒精来擦拭。

### （三）玩具及游戏作品的保管

首先，应该有专门存放玩具材料的柜子或者玩具架，其高度要适合相应年龄段幼儿的平均身高；其次，玩具或者盛放玩具材料的容器应有标签或图片，方便幼儿认识和理解；最后，要给幼儿讲明存放玩具的规则，要让幼儿学会分类摆放玩具，将幼儿在游戏活动中的作品或其他有保留价值的物品进行归类、整理，并对需要保存的优秀作品拍照，制成图片或做成画册保存，以供其他幼儿参照。

## 二、配合教师开展评价

幼儿游戏评价是依据一定的标准，对与幼儿游戏相关的物质环境、时间安排、活动过程和效果等进行描述并做出价值判断的过程，客观、准确的游戏评价对保证游戏的教育性、趣味性具有重要意义。

### （一）对幼儿游戏活动的评价

幼儿在游戏时所表现出的水平，往往代表了幼儿现有的发展水平，通过对幼儿游戏的水平进行评价，可以帮助教师了解某一个或某一群幼儿的身心发展特点或水平，教师可以据此制订适宜的教育计划或游戏活动计划。例如，保育老师可以利用一定的标准，对幼儿游戏的全过程进行观察，对游戏的自选情况、主题的目的性、材料使用情况等游戏的不同方面的水平作出评价，大体了解本班幼儿游戏发展整体情况，同时掌握每个幼儿个体的具体特点。教师可以在学期初和学期末各对本班幼儿进行一次游戏的一般性发展评价，以此明确本学期取得的教育效果和质量。需要注意的是，对不同类型游戏水平的评价，需根据游戏的特点及对幼儿发展的意义，结合不同年龄阶段幼儿应达到的游戏水平，确定适宜的评价标准。

### （二）对幼儿游戏行为的评价

评价幼儿的游戏行为可以从以下几个角度进行切入。

（1）幼儿的情绪。主要表现为幼儿在游戏中的积极情绪和消极情绪。幼儿游戏活动时表现出的积极情绪较多，说明幼儿对游戏的参与度较高。

（2）幼儿参与游戏的积极性。主要表现为幼儿是完全投入到游戏的情境中，还是无所事事、被动消极、束手无策。幼儿在游戏活动中无所事事的表现，说明游戏的情节或其他方面已不符合幼儿当前发展的需要。

（3）幼儿游戏中的同伴交往。主要表现为幼儿在游戏时与同伴交往的频率及程度，尤其是在社会性的游戏活动里，同伴交往情况往往能显示出幼儿的社会性发展水平。

（4）幼儿对游戏材料的操作情况。主要表现为幼儿对游戏材料选择的倾向性或对某种材料操作的熟悉程度，能否进行大胆的假想和替代。

（5）幼儿游戏的主题内容。主要表现为幼儿游戏时能否丰富游戏情节，拓展不同的游戏内容。

## 步骤二　活动提升

1. 以小组为单位，对游戏活动后的整理工作进行情景设计，将小组成员的角色分工以及情景设计的内容填入表 3-2-4-1 中，通过练习在班级内进行情景模拟。

表 3-2-4-1　游戏活动结束后收整的情景设计表

<table>
<tr><td rowspan="2">小组成员角色分工</td><td>教师</td><td></td><td>保育老师</td><td></td><td>幼儿</td><td></td></tr>
<tr><td>道具准备</td><td colspan="3"></td><td>旁白</td><td></td></tr>
<tr><td>情景设计的内容</td><td colspan="6">游戏活动结束后的整理重点如下：（1）愉快地结束游戏；（2）收整游戏材料和场地（体现不同年龄段幼儿的差异）；（3）玩具的清洁和消毒（结合玩具类型）；（4）玩具或游戏作品的保管</td></tr>
</table>

2. 结合幼儿游戏一般性发展评价表，对所收集的幼儿游戏中的行为进行一般性评价（评价时可参考二维码中的一般性发展评价表），然后在小组内分享、讨论。

幼儿游戏一般性发展评价表

## 步骤三　任务评价

| 评价项 | 评价要点 | 自我评价 | 小组评价 |
|---|---|---|---|
| 游戏活动结束后收整的情景设计 | 团队分工明确（0 ~ 10 分） | | |
| | 情景设计逼真（0 ~ 10 分） | | |
| | 角色扮演到位（0 ~ 10 分） | | |
| | 模拟内容正确（0 ~ 10 分） | | |
| | 人员仪表合适（0 ~ 10 分） | | |
| 幼儿游戏行为的一般性评价 | 案例收集任务完成(0 ~ 10 分） | | |
| | 评价过程有理有据(0 ~ 30 分） | | |
| | 语言表达流畅（0 ~ 10 分） | | |
| 本任务最后得分（总分 100 分） | | | |

说明：小组各成员进行自我评价，小组评价由小组长和其他成员讨论后评价。本任务最后得分（分）= 自我评价得分 ×40% + 小组评价得分 ×60%。

项目测试 3-2

# 项目三

# 体育活动中的学习辅助

## 项目导入

> 流水不腐，户枢不蠹，动也。
>
> ——《吕氏春秋·尽数》

体育活动能有效提高幼儿的身体素质，是幼儿园重要的活动内容。因为幼儿年龄小，身体机能的调节能力较弱，自我保护意识尚在萌芽阶段，所以幼儿园应安排好幼儿运动的各项支持工作，保障幼儿运动的安全与卫生。保育老师应相互配合，做好运动保育各项工作，包括运动前的准备、运动中的观察照护及运动后的收整等。

## 学习目标

◎知识目标

1. 理解运动对幼儿的意义以及各年龄段幼儿运动的特点。
2. 理解幼儿园运动的目标、主要组织形式。
3. 熟悉运动辅助的一般程序以及对特殊幼儿的运动照护。
4. 熟悉不同类型体育活动的辅助要求。

◎能力目标

1. 能根据幼儿的外显特征判断幼儿的活动量，并及时进行调控。
2. 能判断幼儿园运动的组织形式。
3. 能在体育活动的前、中、后阶段辅助教师开展活动。

◎素质目标

1. 通过对幼儿活动量相关知识的学习与判断练习，培养认真、严谨的工作态度。
2. 通过体育活动中的学习辅助，提升信息处理素养，培养规则意识与合作精神。

# 任务一　3 ~ 6 岁幼儿体育活动认知

## 任务情景

运动对幼儿的发展具有积极意义，3 ~ 6 岁幼儿有其运动的特点，运动安排需要科学合理。那么，如何判断幼儿的活动量并做出正确的处理？幼儿园运动的组织形式主要有哪些？

## 任务目标

通过角色扮演、运动图片整理与形式判断，对 3 ～ 6 岁幼儿体育活动有初步认知。

## 材料准备

活动量判断脚本、不同形式的运动图片（编号，每种形式至少 1 张）。

## 任务实施

### 步骤一　知识准备

#### 一、幼儿运动认知

（一）运动对幼儿的意义

1. 促进幼儿身体形态与机能的发展

适当的运动对幼儿的运动系统、消化系统、神经系统等都具有良好的刺激和促进作用。运动能促进幼儿肺部、胸廓的发育，能使幼儿的肌肉更为发达、骨骼更为强壮。运动能加快新陈代谢，增强幼儿消化系统的功能。运动有助于提高幼儿神经系统对机体的调节与控制能力。

2. 提高幼儿抵抗力，减少疾病的发生

在运动的过程中，幼儿皮肤和呼吸道黏膜会经常受到冷热刺激，这能促进幼儿皮肤对体温的调节功能，增强幼儿呼吸道对外界环境的适应能力。经常运动可使幼儿皮肤的角化层逐渐增厚，从而增加皮肤对细菌等有害物质的抵抗力。幼儿裸露的皮肤通过日光中紫外线的照射，可以合成维生素D，预防佝偻病的发生。

3. 促进幼儿认知和社会性等方面的发展

运动有助于增强幼儿脑组织的功能和感觉统合，这为幼儿认知能力的发展提供了良好的生理基础。在运动中，幼儿常常会遇到一些困难或挑战，这需要他们大胆尝试、勇敢面对，以此可以培养幼儿坚强、勇敢、乐观等的意志品质。运动有利于建立的幼儿规则意识、团队意识，有助于发展幼儿的社会交往能力。

## （二）各年龄段幼儿运动的特点

1. 小班（3 ~ 4 岁）幼儿运动的特点

小班幼儿处于直觉行动思维阶段，他们对外界的认识常常依附于动作。小班幼儿动作的协调性、灵敏性以及力量、耐力等方面都较弱，有各类基本动作的经验，但能力较弱。小班幼儿喜欢模仿，情绪波动大，运动行为往往受教师或同伴的影响，常把假象当现实，喜欢独自随意摆弄。

2. 中班（4 ~ 5 岁）幼儿运动的特点

中班幼儿已积累了一定的走、跑、跳等基本动作的运动经验，当材料充足、运动氛围宽松时，幼儿能积极地与材料互动。中班幼儿在运动时的思维更加灵活，注意力比较集中，当运动具有一定要求时能积极探索，在探索中发现动作的多样性，满足追求新颖、独特的需求。

3. 大班（5 ~ 6 岁）幼儿运动的特点

大班幼儿各类基本动作、各项身体素质都迅速发展，能够掌握一些较难的动作。大班幼儿的自我控制能力提高，学习有一定的目的性和计划性，能积极主动地用各种方式表达自己的想法，积极思考、主动探索，努力寻求合适的方法，同伴间的互助合作意识也有所增强。

## （三）活动量及其影响因素

活动量也称“运动量”或“运动负荷”，指人体在运动中所承受的生理、心理负荷量以及消耗的热量。如果幼儿活动量过小，就无法达到运动的目标；而如果活动量过大，则容易增加体力负荷，甚至造成身体损伤。幼儿活动量受多种因素影响，

影响幼儿活动量的主要因素

主要有运动强度、练习数量、运动时间、运动项目、运动质量。以上各因素相互联系、相互影响，保育老师可以通过调节这些因素来调节活动量。

## （四）活动量判断的主要方法

### 1. 观察法

观察法是指在运动中通过观察幼儿的脸部色泽、排汗、呼吸、动作反应、注意力及反应、运动情绪等情况，或者在运动结束后通过观察幼儿的饮食情况、睡眠质量和精神状况，来判断幼儿活动量的方法。活动量与幼儿生理反应观察一览表如表 3-3-1-1 所示。

活动量判断的主要方法

**表 3-3-1-1　活动量与幼儿生理反应观察一览表**

| 时间 | 外显指标 | 生理反应 | | |
|---|---|---|---|---|
| | | 轻度疲劳 | 中度疲劳 | 重度疲劳 |
| 活动过程中 | 脸部色泽 | 稍红 | 相当红 | 苍白 |
| | 排汗情况 | 不多 | 较多 | 大量 |
| | 呼吸情况 | 中速轻快 | 显著加快 | 急促、节奏紊乱 |
| | 动作反应 | 协调、准确、步态轻盈 | 协调、准确，速度降低 | 失调、步态不稳、用力颤抖 |
| | 注意力及反应 | 注意力集中、反应正常 | 能集中注意力但不够稳定，反应力减弱 | 注意力分散、反应迟钝 |
| | 运动情绪 | 愉快 | 略有倦意 | 精神疲乏 |
| 活动结束后 | 饮食情况 | 食欲良好、食量增加 | 食欲一般、食量减少 | 食欲降低、食量减少、恶心、呕吐 |
| | 睡眠质量 | 入睡快、睡眠良好 | 入睡较慢、睡眠一般 | 很难入睡、睡眠不安 |
| | 精神状况 | 精神爽快、情绪好 | 精神略有不振、情绪一般 | 精神恍惚、厌倦练习 |

### 2. 询问法

询问法是通过和幼儿谈话，向幼儿提出问题，从而了解幼儿活动量的方法。

### 3. 测量法

测量法主要是通过测量幼儿的心率来判断幼儿的活动量。

### （五）活动量调控的三大原则

1. 制定要有科学性

（1）根据年龄差异调控。同样的活动量对于小班的幼儿可能是超负荷的，而对于大班幼儿也许还达不到适宜量。

（2）根据气候、季节调控。一般秋、冬季气温比较低，活动量可适当增加；夏季气温较高，易产生疲劳感甚至中暑，活动量应适当减少。

（3）根据运动器械调控。不同的运动器械会导致不同的活动量，同一种器械的不同玩法所产生的活动量也不同。

（4）根据幼儿个体差异调控。在运动中，保育老师要注意个体差异，重视对幼儿身体的保护和照顾，注意观察幼儿在运动过程中的面部表情、出汗状况等。

（5）环节安排要合理。例如，在体育活动前要有热身环节，在结束后要有放松环节。

2. 准备要有层次性

（1）动作选择难度要适宜。动作的选择应以幼儿的身心发展特点、动作发展水平及需要为依据，使幼儿得到充分、科学的运动。

（2）活动组织密度要适宜。不同形式的运动锻炼下幼儿的活动密度也不同，保育老师要综合考虑运动强度和练习数量，注意合理搭配。

（3）场景创设层次要有差异。充分考虑幼儿之间的个体差异，让不同水平的幼儿自主选择适合自身的运动场景，让幼儿都能运动并保持运动兴趣，还要发挥场景的暗示作用，以引导幼儿达到适宜的活动量。

3. 过程要有灵活性

在整个运动过程中，各环节的转换节奏宜由快到慢，使幼儿活动量的调控做到由小到大、逐步上升，活动结束前再逐步下降。运动的开展要根据幼儿的活动情况，灵活把握各环节时间，有序地进行转换。

保育老师应采用科学的方法，结合实际不断摸索与总结，有效把控幼儿的活动量，使每个幼儿都得到良好发展。

## 二、幼儿园体育活动认知

### （一）幼儿园运动的目标

《幼儿园工作规程》第五条规定了幼儿园保育和教育的主要目标，其中第一个目标就是“促进幼儿身体正常发育和机能的协调发展，增强体质，促进心理健康，培养良好的生活习惯、卫生习惯和参加体育活动的兴趣”。再结合《幼儿园教育指导纲要（试行）》中健康领域的目标以及《3～6岁儿童学习与发展指南》中健康领域对幼儿学习与发展的目标与教育建议，归纳出幼儿园运动的目标，主要如下。

#### 1. 增强幼儿体质

（1）促进幼儿健康体态的形成，如正确的站立姿势、行走姿势等。

（2）提高幼儿的平衡能力、协调能力、灵敏性、耐力等基本素质。

（3）发展幼儿走、跑、跳跃、投掷、攀登、钻、爬、搬运等基本动作。

（4）锻炼幼儿机体对摆动、颠簸等刺激的适应能力，促进幼儿平衡机能的发展。

（5）提高幼儿机体对外界气候及其变化的适应能力，以及抵抗疾病的能力。

#### 2. 培养幼儿良好的运动习惯与运动能力

激发幼儿对运动的兴趣，培养幼儿对运动的主动性；逐步培养幼儿运动锻炼的习惯；提高幼儿在运动时的安全意识和自我保护能力。

#### 3. 促进幼儿其他方面良好发展

运动是实现幼儿身心全面、和谐发展的重要手段。通过运动，可以有效地促进幼儿在认知能力、情绪、社会性、个性和审美能力等方面的发展。

### （二）幼儿园运动的组织形式

通常，按照幼儿在园一日活动中参与运动的时间和内容的不同，可以把幼儿园运动的组织形式分为以下几种。

#### 1. 早操活动

幼儿园早操活动是指幼儿在早晨进行的活动，是幼儿体操和晨间其他锻炼活动的总称，如图3-3-1-1所示。在天气晴好的情况下，早操活动通常在幼儿园户外场地上进行，活动约

幼儿园运动的组织形式

半个小时，且要求每天进行；活动的形式大多采用集体活动（如集体做操等）和自选活动（如利用运动器械，尤其是利用各种小型器材进行的小型多样的运动）相结合的方式。幼儿园的早操活动能有效地提高幼儿机体对环境的适应能力，增强幼儿对疾病的抵抗力，塑造幼儿良好的形体，还可以增强幼儿的集体荣誉感，培养幼儿持之以恒的品质，对发展幼儿个体的健康心理具有深远的影响。

3-3-1-1　晨间其他锻炼活动

2. 体育教学活动

体育教学活动是一种有目的、有计划、有组织的集体活动形式，它是以幼儿自身练习为主要手段，以教授体育健康知识、技能为主要内容，以增进幼儿身心健康为主要目的的集体性活动，如图 3-3-1-2 所示。在无特殊情况的条件下（主要指下雨或天气过热、过冷），体育教学活动要求在户外场地上进行；一般每周安排 1 ～ 2 次，且多采用游戏的方式进行。在体育教学活动中，集体式的情感与认知的学习，能为幼儿个体创造全新的机会，使幼儿学会适应社会，成为一个更好的个体。

图 3-3-1-2　体育教学活动

3. 户外区域运动

户外区域运动是指根据幼儿运动的内容和要求，在幼儿园户外开设若干区域，让幼儿自主选择区域和器材，自由结伴、自主运动的一种组织形式，如图 3-3-1-3 所示。户外区域运

图 3-3-1-3　户外区域运动

动一般在幼儿园户外场地上进行。

户外区域运动具有活动内容丰富、灵活性大、自主性强、接近自然等特点。户外区域运动以分散的小组或个人活动为主，幼儿可以自选运动项目和运动器械，能轻松愉快、自由地尽情活动，从而培养其独立性、自主性和创造性。户外区域运动中的结伴和相处有助于幼儿社会性的发展。

4. 其他运动

（1）运动会。幼儿园运动会是以幼儿为主体，以多项运动为主要内容的，带有一定比赛性质的幼儿园全体性的活动，如图 3–3–1–4 所示。幼儿园运动会可以展现幼儿身体锻炼的效果；可以增强幼儿的合作精神；可以体现幼儿园运动的工作成效。

（2）远足运动。幼儿园远足运动是幼儿走出幼儿园，以持续行走一段路程为目的的健身运动或徒步旅行活动，如图 3–3–1–5 所示。幼儿园远足运动能促进幼儿智力的发展，能扩大幼儿接触、认识社会的活动空间。

图 3–3–1–4 运动会

图 3–3–1–5 远足运动

## 步骤二 活动提升

1. 幼儿活动量判断模拟

（1）确定好配合成员，将模拟内容发给小组其他成员（不发给配合成员），做好角色模拟前的准备工作，相关内容填入表 3–3–1–2 中。

表 3–3–1–2 模拟内容准备

| | |
|---|---|
| 模拟的幼儿年龄 | |
| 模拟的主要内容 | |

（2）各成员进行角色模拟前须先回答相关问题：幼儿活动量判断的主要方法、幼儿活动量观察的主要外显指标。各成员进行角色模拟后，由配合成员进行判断并说明原因（可选用观察法、询问法或测量法中的任一种），之后与配合成员互换角色，由配合成员进行模拟，判断其模拟的结果并说明原因。将相关内容填入表 3–3–1–3 中。

表 3–3–1–3　角色模拟判断与讨论

| | | |
|---|---|---|
| 幼儿活动量角色模拟 | 配合成员判断的结论 | |
| | 配合成员判断的依据 | |
| 幼儿活动量模拟判断 | 配合成员模拟的幼儿年龄 | |
| | 配合成员模拟的主要内容 | |
| | 个人判断的结论 | |
| | 个人判断的依据 | |

2. 运动组织形式判断

各成员轮流对小组其他成员出示的一张图片的运动组织形式进行判断，并将相关信息填入表 3–3–1–4 中。另外须说明该运动组织形式的概念以及对幼儿的意义。

表 3–3–1–4　运动组织形式判断表

| | | |
|---|---|---|
| 图片 | | |
| 个人对图片中运动组织形式的判断 | 判断依据 | |
| | 判断结论 | |
| 小组结论 | | |

## 步骤三　任务评价

| 评价项 | 评价要点 | 自我评价 | 小组评价 |
|---|---|---|---|
| 幼儿活动量判断模拟 | 模拟内容在模拟前提交（0 ~ 10 分） | | |
| | 活动量相关问题回答要点全面、正确（0 ~ 20 分） | | |
| | 模拟表现与提交内容匹配（0 ~ 20 分） | | |

续表

| 评价项 | 评价要点 | 自我评价 | 小组评价 |
|---|---|---|---|
| 运动组织形式判断 | 图片收集丰富（0 ~ 10 分） | | |
| | 图片判断正确（0 ~ 10 分） | | |
| | 概念描述正确（0 ~ 10 分） | | |
| | 意义描述正确（0 ~ 10 分） | | |
| | 表达整体流畅（0 ~ 10 分） | | |
| 本任务最后得分（总分 100 分） | | | |

说明：小组各成员进行自我评价，小组评价由小组长和其他成员讨论后评价。本任务最后得分（分）= 自我评价得分 ×40% + 小组评价得分 ×60%。

# 任务二　体育活动常规辅助与特殊幼儿指导

## 任务情景

在幼儿园运动中，保育老师要协助教师做好幼儿运动前的准备工作，做好运动中的整体观察与个别指导、安全隐患的识别与应对、对特殊幼儿的照顾工作，还要做好运动后的器材收整及幼儿生活照护等工作。

## 任务目标

通过对运动保育过程进行描述，对保育过程案例进行讨论，能在体育活动中对幼儿进行常规辅助，对特殊幼儿进行恰当的指导。

## 材料准备

保育老师配合室外活动的案例（其中至少有 3 处工作失误），对特殊幼儿照护模拟的内容。

# 任务实施

## 步骤一　知识准备

## 一、运动辅助的一般程序

### （一）幼儿运动前的准备

1. 内容和方法的准备

在幼儿运动前，保育老师应与教师沟通，熟悉运动的内容和方法，使运动能够顺利开展。例如，了解活动的目标，了解对运动场地和运动器材的要求以及器材的使用方法等。

幼儿运动前的保育——准备工作

2. 运动场地的检查

在幼儿运动前，保育老师要初步检查场地的安全情况，如场地是否平坦、防滑、无积水；是否干净，无枯枝落叶或碎石等杂物；凸起物、台阶等处的安全警示标识物是否完整。如果是夏天，运动场地休息区还需遮阳。

3. 生活用品的准备

分类放置好置物篮或筐，做好相关标志；准备好专门用于叠衣物的地方，放置收衣物的篮筐或架子；在饮水区备好已消毒的茶桶（装有温度适宜的茶水）、茶杯及清洁手部的物品（如干毛巾、纸巾、废纸桶等）。

4. 运动器材的准备

（1）在幼儿运动前，要检查运动器材安装得是否牢固，有无损坏，表面是否光滑，有无尖角，并将运动器材的表面擦干净。

（2）大型运动器材应放置在泥草地上，最好由专人保管。小型运动器材要分类整理，放在固定的地方。按需备足器材，便于幼儿选择和交换。

（3）如在运动前发现器材已损坏，应停止使用，及时报备修理。应将无法修理的器材搬离现场，以防发生意外。

（4）器材要注意清洁管理。

5. 运动服装的准备

在运动前，保育老师要提醒幼儿如厕，然后集中整队，清点人数，在幼儿着装上要特别重视，要观察幼儿的着装是否适合锻炼，并给予适当指导。

（1）幼儿运动应着透气性好、能吸湿、宽松合体的服装，忌太大或太紧。要指导幼儿脱去不便于运动的外套，将内衣束于裤内。

（2）根据天气情况随时提醒、帮助幼儿增减衣服。要及时了解天气变化，关注温度变化、室内外温差，了解每个幼儿的穿衣习惯，提醒家长为幼儿穿合适的衣服，还要引导中、大班幼儿逐渐能自主地根据气温变化和感受增减衣服。

（3）不要穿连帽衫，特别是帽口有绳子的，因为绳子容易钩挂到其他物体，卡住幼儿的脖子；不在服装上佩戴纪念章、别针等饰物，口袋内不放置尖锐物。保育老师要做好检查工作，如图 3–3–2–1 所示。

（4）幼儿必须穿松紧适度的运动鞋、球鞋，鞋子要轻便、柔软、合脚、有弹性，鞋底不可太硬、太滑，鞋跟高度以 1 ～ 2 厘米为宜，不可穿皮鞋、凉鞋或塑料鞋运动。保育老师要检查幼儿的鞋带，如图 3–3–2–2 所示。

图 3–3–2–1　检查衣裤

图 3–3–2–2　检查鞋带

6. 其他事项

幼儿到户外活动时，保育老师要为活动室和寝室开窗通风。

## （二）幼儿运动中的观察与问题应对

1. 时刻关注幼儿安全

保育老师应关注场地周围环境的安全；提醒幼儿不玩危险物品、不做危险动作、不打闹、不吵架、不狂奔乱跑等；指导幼儿注意安全并告知其自我保护的方法。

幼儿运动中的观察与问题应对

2. 根据差异给予个别指导

对于不爱运动、胆子较小的幼儿，要鼓励其多运动；对于长时间进行同一活动的幼儿，鼓励其积极尝试其他活动；对于运动过量的幼儿，要及时提醒其注意休息。

3. 培养生活习惯与自我保护能力

教会幼儿知道热了要脱衣，冷了要穿衣，累了要休息，渴了要喝水，以及注意喝适量的水，以免因饮水过多而增加心脏负担，不利于继续活动。同时，要让幼儿具备出汗要擦汗、腹部要保暖等自我保护的能力。

4. 应对特殊情境

如果发现幼儿有寒战、出汗过多、面色苍白、头晕、精神萎靡、情绪不好等情况，应让其暂停锻炼，马上休息，对其加强观察，并及时与保健医联系，采取相应的措施。

### （三）幼儿运动后的收整

1. 运动后的常规保育工作

（1）提醒幼儿要等心跳平稳后才能坐下，以减少运动后的心脏负担；要注意观察幼儿的精神、睡眠和饮食情况。

（2）夏季运动后容易出汗，需要为幼儿及时擦干汗水，必要时为其更换衣裤；天气转凉时，幼儿所穿的衣服件数会增多，运动前或运动时可能需要脱去衣服，因此需提醒幼儿将衣服带回教室；冬季还要提醒幼儿及时穿上外套，以防着凉感冒。

（3）带领幼儿收拾好玩具，将其归类摆放，将生活用品放回原处。

（4）协助教师督促幼儿做好清洁整理工作，如洗手、休息、喝水等。

2. 运动后用餐的注意事项

（1）幼儿合理的进食时间是在锻炼后半小时。运动时，大量血液会流入运动器官，胃肠器官的血液量相对减少，胃液分泌也少，消化系统功能处于抑制状态。因此，幼儿在运动后立即进餐，会影响食物的消化和吸收。

（2）合理安排膳食。运动时会消耗大量热能，这些营养素和热能都要从膳食中摄取。3～6岁的幼儿，应定时安排三餐饭、两次点心，并注意各种食物间的搭配，既要满足营养需求，又要符合幼儿的食量。

### （四）平衡幼儿身体发展与幼儿安全的关系

安全是底线，保育工作中的安全问题不能忽视，对幼儿的安全教育也应当随时随地进行。进行安全教育时，保育老师可以采用直接示范讲解的方法，帮助幼儿掌握动作的技能技巧和安全注意事项；可以利用对照比较法，如幼儿通过玩皮球的行为比较，逐渐懂得遵守游戏规则，避免碰撞；可以进行实例分析，让幼儿知道在运动中什么动作是不可以做的，应避免发生危险；可以通过游戏模拟法，培养幼儿的安全意识和自我保护意识。

在运动中不能为了安全而不给幼儿发展的机会。运动的开展可以循序渐进，根据不同幼儿的年龄特点开展有针对性的活动。要注意游戏中对幼儿安全的提醒，也可让幼儿自己总结哪些地方容易出现安全问题，如何进行自我保护。要提醒家长在家让幼儿学习自我保护，和家长沟通幼儿园的活动过程及其对幼儿能力的发展促进，以专业性指导家长并得到家长的认同。

## 二、对特殊幼儿的运动辅助

《幼儿园工作规程》指出："幼儿园在开展体育活动时，应当对体弱或有残疾的幼儿予以特殊照顾。"保育老师要在运动前全面了解幼儿的健康状况，对特殊幼儿的情况做到心中有数，合理安排运动项目，把握幼儿活动量，并给予更多的关心和照顾。

### （一）对体弱儿的运动辅助

体弱儿一般包括有缺铁性贫血、营养不良、反复呼吸道感染、生长发育迟缓或得佝偻病等情况的幼儿。

1. 对不同体弱儿的界定

（1）缺铁性贫血：血红蛋白值降低，小于 110 克 / 升。

（2）营养不良：测量身高（长）、体重，并记录在生长曲线图上。若幼儿的身高（长）、体重在均值减两个标准差以下，为营养不良。

（3）反复呼吸道感染：3 岁以上幼儿，一年患上呼吸道感染 6 次以上或肺炎 2 次以上。

（4）生长迟缓：身高与同年龄、同性别相比，低于平均身高两个标准差或第 3 百分位数，身高年长速率小于 4 厘米。

（5）佝偻病：有佝偻病的体征，如胸壁两侧下陷，胸骨向前突出，出现肋骨串珠、"鸡胸""漏斗胸"；下肢出现"O"形腿或"X"形腿，手腕部、脚踝部形成钝圆形状隆起，即"手镯"或"脚镯"畸形等。

2. 对体弱儿运动辅助的总体要求

（1）体弱儿一般不太爱活动，稍活动就气喘吁吁，好出汗、易感冒。活动时应在其背部垫小毛巾，活动后再取出，要勤为其擦汗，以免感冒。

（2）体弱儿的活动时间和强度应适当减少，保育老师应指导家长每天让体弱儿进行 1 ～ 2 小时的户外活动，但不应安排其参加剧烈运动。

（3）活动时，保育老师要注意关照体弱儿，应随时注意观察体弱儿有无气喘、大汗淋漓及脉搏异常增快等症状，如果出现，应让其立即停止活动；活动中要让幼儿适当休息，休息时让其穿上活动前脱掉的外衣。

3. 对不同体弱儿的运动辅助

（1）对于反复呼吸道感染的幼儿，应让其多到户外呼吸新鲜空气，以增强呼吸道适应外界气候变化的能力，但要科学控制户外活动量，同时注意不要对着风奔跑。

（2）对于生长迟缓的幼儿，应让其在户外活动时多做跳跃运动、牵拉运动，因为这类运动可刺激骨骼的生长，有利于身高增长。

（3）对于患佝偻病的幼儿，要多带其进行户外活动，适当晒太阳，以补充维生素 D，但要注意选择合适的时间，避免强烈的阳光对身体造成伤害。

4. 照顾体弱儿的工作程序

（1）了解班内体弱儿的体质状况和原因。通过家访和细心观察，了解体弱儿的日常生活方式，找出影响他们体质的原因，与保健医、家长共同制订护理与帮助计划。

（2）在各类活动中对体弱儿进行护理。运动时要循序渐进，注意活动量和运动强度；户外活动时，及时帮助体弱儿擦汗及增减衣服。进餐时，注意观察体弱儿的食欲，鼓励其吃完自己的一份饭菜。在午睡时加强巡视，及时为体弱儿盖被、擦汗，起床后及时为其穿衣，避免其着凉感冒。

（3）指导家庭护理。建议家长合理安排体弱儿的膳食，注意营养搭配，避免体弱儿养成挑食、偏食的习惯，可以遵循医嘱，为体弱儿适当地补充营养品，循序渐进地增加膳食量。例如，对于缺铁性贫血的幼儿，让其多吃优质蛋白及富含铁质和维生素 C 的食物。

## （二）对肥胖儿的运动辅助

1. 肥胖的原因

幼儿肥胖的原因一般有两种：一种是受饮食、遗传或活动过少等因素的影响，摄入大于消耗，使体内脂肪过度积聚，体重超过一定范围，医学上称之为单纯性肥胖；另外一种是由于神经、内分泌及遗传疾病引起的体重超标，医学上称之为继发性肥胖。

2. 肥胖对幼儿的不良影响

（1）影响形体。与体重正常的幼儿相比，肥胖的幼儿比较笨拙，过度肥胖会影响幼儿的形体美观。

（2）不利于身体健康。肥胖可导致扁平足，行走时容易腰痛、腿痛。腹部脂肪过多会影响呼吸。脂肪堆积在血管壁、肝脏上，容易造成脂肪肝、高血脂，并成为动脉硬化的隐患。肥胖儿在活动中还容易受伤。

（3）易导致心理问题。肥胖儿可能会遭到同伴的嘲笑，时间一长就会出现自卑心理。肥胖儿在人际交往上也容易产生自我否定，产生精神负担。

3. 照顾肥胖儿的工作程序

（1）了解班内幼儿肥胖的成因。通过家访和细心观察，了解肥胖儿的日常生活方式，找出他们肥胖的原因，与保健医、家长共同制订护理计划。

（2）在各类活动中对肥胖儿进行护理。肥胖和缺少运动有一定关系，可在园内既定的户外活动时间外，适当为肥胖儿增加一定的运动时间；要为肥胖儿选择有趣味性的、能够持之以恒的运动，如慢跑、快走、体操、游泳等；每天至少进行 20 ～ 30 分钟（每周安排 5 天），活动量不宜过大，应注意由少到多，运动后有微汗即可。对能够坚持锻炼的肥胖儿，可以采用奖励小星星或者小红花等形式予以鼓励。

（3）指导家庭护理。鼓励家长同肥胖儿一起锻炼，以增加肥胖儿的信心；指导家长有针对性地培养肥胖儿良好的饮食习惯；肥胖儿减肥时不能求快，应在肥胖儿能接受的情况下进行，并注意均衡营养；及时纠正肥胖儿偏食、挑食、吃零食的不良习惯，控制肥胖儿的进食量和进食速度；引导肥胖儿多吃水果和蔬菜，少吃高热量食物；让肥胖儿餐前喝点汤，以增加饱腹感。

### （三）对哮喘、先心病以及生理缺陷幼儿的运动辅助

对其他不同类型的幼儿，在运动中需要给予相应的辅助。例如，对哮喘经常发作的幼儿，宜让其多参加轻松愉快的活动，尽量避免剧烈的活动；对患先天性心脏病的幼儿（无心脏扩大、青紫、昏厥者），要减少一些户外活

动量，可让其参加轻松愉快的活动，同时关照幼儿注意休息；对有生理缺陷的幼儿，如轻度智力低下、弱视、听力障碍、肢体缺陷等，不能过高要求，不能歧视、嘲笑，而要给其更多的关爱。

## 步骤二 活动提升

### 1. 体育活动辅助一般程序运用

通过讨论与请教，对案例中保育老师的工作失误和对应的正确做法达成一致意见。将相关信息填入表 3-3-2-1 中。

表 3-3-2-1 所在组收集案例的讨论与总结

| | |
|---|---|
| 收集整理的案例 | |
| 案例中的工作失误 1 | |
| 对应的正确做法 1 | |
| 案例中的工作失误 2 | |
| 对应的正确做法 2 | |
| 案例中的工作失误 3 | |
| 对应的正确做法 3 | |
| 其他工作失误 | |
| 对应的正确做法 | |

### 2. 特殊幼儿体育活动辅助

对所选特殊幼儿类型的概念进行界定。概述照顾班级特殊幼儿的三步工作程序，包括了解原因、活动保育、家庭指导。将相关信息填入表 3-3-2-2 中。

表 3-3-2-2 界定概念与一般工作程序

| | | |
|---|---|---|
| 所选类型 | | |
| 本类型的概念界定 | | |
| 照顾班级特殊幼儿的三步工作程序 | 了解原因 | |
| | 活动保育 | |
| | 家庭指导 | |

## 步骤三　任务评价

| 评价项 | 评价要点 | 自我评价 | 小组评价 |
| --- | --- | --- | --- |
| 体育活动辅助一般程序运用 | 积极参与案例收集或创编（0 ~ 10 分） | | |
| | 交流合作达成一致（0 ~ 10 分） | | |
| | 工作失误回答正确（0 ~ 10 分） | | |
| | 给出的做法正确（0 ~ 10 分） | | |
| | 语言表达流畅（0 ~ 10 分） | | |
| 特殊幼儿体育活动辅助 | 对概念的界定正确（0 ~ 10 分） | | |
| | 照顾特殊幼儿的程序全面正确（0 ~ 30 分） | | |
| | 语言表达整体流畅（0 ~ 10 分） | | |
| 本任务最后得分（总分 100 分） | | | |

说明：小组各成员进行自我评价，小组评价由小组长和其他成员讨论后评价。本任务最后得分（分）= 自我评价得分 ×40% + 小组评价得分 ×60%。

# 任务三　不同类型体育活动辅助

## 任务情景

幼儿园体育活动有多种类型，王老师想要知道针对不同类型的体育活动，在材料提供与观察指导中有哪些要求。

## 任务目标

通过对不同类型体育活动相关内容的整理、模拟及讨论，熟悉不同类型体育活动的辅助要求。

## 材料准备

幼儿园早操活动资料，配合运动活动的场景描述或视频案例（至少有 3 处工作失误），幼儿园的常见运动器材资料（大型运动器材至少三种、各班中小型运动器材分别至少三种）、幼儿园某一运动器材的不同玩法资料（至少三种玩法）。

## 任务实施

### 步骤一　知识准备

#### 一、早操活动辅助

幼儿园早操活动对锻炼幼儿身体、增进幼儿体质、促进幼儿身心和谐发展有着独特的作用。幼儿体操是早操活动的重要形式。

（一）幼儿体操的类型

幼儿体操是通过规范的身体动作、各运动关节有目的性的活动来激发幼儿的身体活力，能锻炼幼儿的身体素质，增强幼儿体质，也是发展幼儿正确的身体姿势的重要手段。结合幼儿的年龄特点，幼儿园的幼儿体操主要包括队形和队列、徒手体操和轻器械操。

1. 队形和队列

队形和队列主要是指根据教师发出的指令，全体幼儿站成一定的队形，协调一致地进行活动。幼儿园的集体活动基本上都需要队形和队列。

幼儿队形和队列练习

队形练习的主要内容有：幼儿一个跟着一个走成圆形；一路纵队变成两路纵队；两路纵队变成四路纵队；一个圆圈变成两个圆圈；切断分队走；左右分队走；并队走；列队走等。

队列练习的内容主要有：原地队列动作和行进间队列动作。原地队列动作包括立正、稍息、看齐、报数、向前看齐、向前看、解散等；行进间队列动作包括原地踏步走、立定、齐步走、跑步走、向左（右）转、向后转、左（右）转弯走、向前 X 步走等。

2. 徒手体操

徒手体操是手中不拿任何器械的操节形式，幼儿园的徒手体操主要包括一般徒手操、模仿操、韵律操、武术操、游戏操等，如图 3–3–3–1 所示。

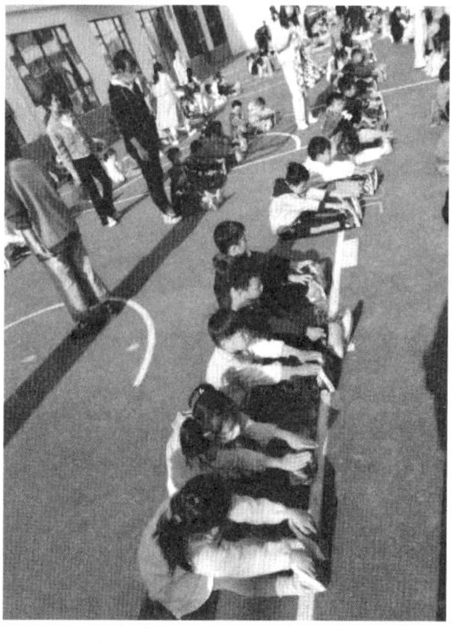

图 3–3–3–1　徒手体操

（1）一般徒手操。一般徒手操即广播操，是根据人体各部分的特点，按照从上到下、从躯干到四肢、从远到近的运动顺序而进行的一种由举、振、伸、转、环绕、蹲、跳跃等一系列徒手动作所组成的动作练习，一般包括上肢运动、下蹲运动、体侧运动、体转运动、腹背运动、跳跃运动等，侧重发展幼儿身体姿态。

（2）模仿操。模仿操是通过模仿进行的动作练习，它以动作形象夸张、生动有趣为特征，易激发幼儿兴趣，便于幼儿模仿。幼儿园模仿操有动物模仿操、劳动模仿操、军事模仿操、生活模仿操等。

（3）韵律操。韵律操又称律动操，是按音乐的节奏、速度做有规律的动作。韵律操以徒手操为基础，吸取了现代舞的特点，结构新颖、动作有力、节奏轻快，能培养幼儿的节奏感，提高幼儿的表现力和协调性。

（4）武术操。武术操是将武术基本功练习与节拍体操结合起来的一种锻炼形式。武术操动作有力、节奏明快，能表现幼儿勇武有神的精神面貌。

（5）游戏操。游戏操是用游戏动作编成的操，如踢毽操、皮筋操等；或是把游戏与体操结合起来进行。

3. 轻器械操

轻器械操是幼儿在音乐伴奏或口令的指挥下，手持各种轻器械做各种动作的操节形式。轻器械操富有情趣，具有一定的活动量，较适用于4～6岁的幼儿，如图3-3-3-2所示。

图3-3-3-2　轻器械操

轻器械操所采用的器材大致可以分为两类：一是有创意地使用日常生活中的一些物品作为体操活动的器材，如矿泉水瓶；二是直接购买一些运动器材，如哑铃、红旗、球等。

## （二）幼儿操节动作特点及影响因素

### 1. 幼儿园不同年龄班幼儿的操节动作特点

（1）小班幼儿操节动作应速度较慢，变化较少，节奏鲜明，活泼有趣，模仿性强，动作简单，节数较小，负荷量小。小班幼儿的徒手体操应以模仿操为主，可选活动量小的动作，以4～5节为宜。

（2）中班幼儿的操节动作开始增多，以徒手体操为主，简单易学，动作部位、方位明确，节奏明快，以正前、上、正侧方向为主，双侧对称，侧重发展幼儿身体姿态，但变化的路线少。徒手体操可在小班幼儿的基础上增加 1 ～ 2 节活动量小的操节。

（3）大班幼儿的操节动作开始复杂化，动作变化多样，如加入举、摆、快速屈伸等较简单的绕环和较精细的手腕动作，负荷逐渐增大，以轻器械操为主，可增加到 6 ～ 8 节。

#### 2. 影响操节动作效果的要素

影响操节动作效果的因素有身体姿势、动作方向、动作幅度、动作路线、动作频率、动作速度、动作节奏等。它们共存于动作之中，在设计幼儿操节时应综合考虑。

影响操节动作效果的因素

### （三）早操活动前的准备

#### 1. 场地的准备

早操活动最好选在塑胶地或草地上进行，同时还需全面排查场地的安全情况，还要熟悉班级与场地之间往返的路线，方便组织幼儿到达活动场地或回到室内。

早操活动前的准备

#### 2. 器材的准备

如果要进行轻器械操练习，则需提前准备好器材，要给幼儿提供足够的活动器材，检查器材的安全性。另外，还要为幼儿创造自选器材、自由活动的机会和条件。

#### 3. 幼儿的准备

（1）保育老师要全面检查幼儿服饰，如裤脚情况、鞋带情况，衣物多少情况等。

（2）组织幼儿入场，使幼儿站立的行距和间距合适，避免发生碰撞（小年龄幼儿的做操队伍不一定要整齐划一）。幼儿站位要求背风、背阳光、背向干扰物。

#### 4. 内容的准备

（1）幼儿操节活动的队列练习、队形变换要简单，不要过分强调队列练习和队形变换的复杂性。

（2）根据秋冬季、春夏季的不同特点，在幼儿一日生活中有选择地创设操节活动。

（3）幼儿体操活动的活动量不宜过大，活动量较大的跳跃放在体操的后半部分，动作由简单到复杂，活动量由小到大，动作幅度也要由小到大。

（4）同一学期内，在保持整体风格的同时，可以根据班级幼儿的体能发展情况创设不同的操节。

### （四）早操活动中的辅助要求

#### 1. 重视自身形象，以积极面貌影响幼儿

保育老师要以积极愉快的情绪和饱满的精神状态影响幼儿，所喊口令要清晰，声音要洪亮，操节示范动作要有力、准确、优美，以给幼儿身体和心理的正向影响。

#### 2. 重视培养幼儿身体，同时关注幼儿安全

在早操活动时，保育老师尽可能要求幼儿动作到位，要特别重视幼儿正确站姿和走步姿势的培养；要在自己的区域里留意附近的幼儿，如有安全隐患，要及时制止。例如，在做轻器械操时如果距离太近，器械便容易误伤幼儿，应让幼儿保持适当距离。

#### 3. 给予幼儿心理安全感

集体做操是一种有规则的活动，可能会使幼儿感到不安。例如，对于小班幼儿，即使保育老师已非常宽容，他们也可能会因不能适应集体行动而产生强烈的不安。因此，保育老师要给予幼儿更多的心理安慰，让其获得安全感，愉快地参与早操活动。

### （五）早操活动后的收整

早操活动结束后，保育老师应配合教师做好如下工作：带领幼儿一起收拾早操活动的器材；组织幼儿一起回教室，提醒幼儿穿好衣服；将各类生活用品带回教室；为出汗的幼儿擦汗，替换背部的毛巾；提醒幼儿如厕；组织幼儿喝水等。

## 二、体育教学活动辅助

幼儿体育教学活动有其自身的特点，活动实施应遵循一定的卫生原则。

### （一）体育教学活动的特点与内容

#### 1. 体育教学活动的特点

（1）体育教学活动具有目的性和计划性。幼儿体育教学是教师根据幼

儿身体发展的特点和规律系统地建构幼儿运动学习的课程，是一种有目的、有计划、有组织的教育活动。

（2）体育教学活动以游戏为主要形式。幼儿体育教学必须遵循幼儿的身心发展特点和规律，避免小学化和成人化，必须体现游戏化的特点。

2. 体育教学活动的内容

根据教学任务，体育教学活动可以分为新授课和复习课。根据教学内容的性质，体育教学活动可以分为综合课（包括游戏、体操、队列练习）和游戏课（围绕游戏开展）。幼儿园的体育教学活动以综合课为主。

### （二）体育教学活动实施应遵循的卫生原则

1. 全面性原则

体育教学活动要能促进幼儿各器官、系统都得到发育。在组织和实施教学时，应对各种教学内容做科学的搭配，不宜只偏重发展身体的某一部位及其功能。体育教学的多样化和综合化能达到让幼儿全面锻炼的目的。

2. 循序渐进原则

在体育教学中要有计划、有步骤地增加运动量和运动的复杂程度，由易到难，由小量到大量，使幼儿的身体有逐渐适应的过程。

3. 区别对待原则

实施体育教学时，不仅要考虑幼儿的年龄特征，还要考虑幼儿的个体差异。每个幼儿的健康状况、运动能力等各不相同，要区别对待。

4. 与游戏相结合的原则

幼儿园的体育教学应实现教学与游戏相结合，这正是从幼儿的年龄特征出发的一条教学原则，实现这一教学原则旨在使幼儿的运动与每个幼儿的发展水平和需要相适应，使每个幼儿身体发展的潜力得到充分的挖掘。

### （三）体育教学活动前的准备

1. 场地的准备

要选择合适的活动地点，避免和组织同类活动的班级混在一起。如果活动地点可能存在交叉，活动中也可给幼儿划出活动范围，给幼儿制定规则，以防发生冲撞事件。

体育教学活动保育要点——活动前的准备

2. 器材的准备

要事先确定好体育教学活动的具体安排，准备好相应的器材，且器材数量须略多于幼儿人数。保育老师在运动前要检查器材，确认无安全隐患后再投入使用，防止幼儿在活动时发生意外。

3. 生活用品的准备

要为活动的顺利开展准备好生活用品，如茶水、毛巾、纸巾等，应能让幼儿口渴了有水喝，出汗了有毛巾擦拭。

4. 活动前的热身

在体育教学活动开展前，保育老师要带领幼儿开展热身运动。在运动开展前，幼儿在生理和心理上会产生选择性反应，表现为幼儿血液中血糖含量增加，心跳、呼吸加快，大脑兴奋性提高，精神愉悦振奋等。这些变化能加速幼儿身体各器官的活动，以适应即将开展的体育教学活动的需要。

（四）体育教学活动中的辅助要求

1. 指导幼儿安全使用器材

器材所用材料以木质、铁质居多，如果幼儿撞到会有危险。因此，保育老师要用恰当的方法告诉幼儿这些器材可能带来的危险，但指导应使幼儿积极面对而不是消极逃避。例如，在说明跳绳的危险时，保育老师可以拿一张纸进行示范，将绳打在纸上，当幼儿看到纸被绳打破了的时候，他们会意识到跳绳时要与其他幼儿间隔一段距离。但如果直接说跳绳打在脸上会出血、红肿等，只会让一些幼儿因害怕而不敢玩了。

2. 提醒幼儿遵守活动规则

只有按活动特有的规则来约束和实施活动，活动目标才能得以完全贯彻落实。保育老师要指导幼儿形成规则意识并自觉遵守规则，但在提示幼儿遵守纪律或纠正其不正确的行为时，不能用训斥、埋怨或恐吓的语言、口吻，可以采用讲解法、谈话法、演示法等来教育幼儿。

3. 把握幼儿的活动量

在体育教学活动中，保育老师要把握好“低强度，高密度”的原则，不能使活动量直线上升或者太大，要注意动静交替，保证大小适中的活动量；要结合幼儿的运动时间和反应状态来判断幼儿的活动量，并及时作出调整。

4. 根据幼儿情况给予个别指导

幼儿在参与运动时，情绪或高涨或低沉。对于个别情绪特别高涨的幼儿，要让其休息会儿，或者让其当小老师，指导其他幼儿玩；对于胆小的幼儿，要多鼓励其积极地参加活动；可以用文明的语言提示来指导幼儿活动；在指导个别幼儿时，须顺着幼儿的用力方向给予助力，力的大小要适度。

### （五）体育教学活动后的收整与反馈

1. 体育教学活动后的放松

体育教学活动即将结束时，保育老师要注意让幼儿由运动的紧张状态逐渐恢复到相对安静的状态，进而放松肢体。体育教学活动结束后，要带领幼儿做放松运动。

2. 体育教学活动后的家园沟通

保育老师要及时和家长沟通幼儿在运动中的表现并给予指导，如幼儿运动是否积极主动、认真，情绪是否高涨，有无团队意识，能否遵守规则等。保育老师应争取家园配合，形成教育合力，使体育教学活动更为有效。

## 三、户外区域运动辅助

保育老师在幼儿户外区域活动前要配合教师做好相关的准备工作；幼儿活动时，要与教师配合在公共生活休息区观察幼儿的运动情况，并随时照顾好特殊幼儿；运动结束后，要配合教师带领幼儿做好收整工作。

### （一）户外区域运动的内容

户外区域运动通常是以不同的基本动作或运动器材来划分的，如钻爬区、投掷区、玩车区、攀爬区、玩球区、玩沙区，如图 3-3-3-3 所示。因此，户外区域运动是以各类运动器材的探索、操作、游戏，以及基本动作的练习为主要内容的。幼儿园运动器材可以分为小型、中型和大型三种。在户外活动时，幼儿可自由分组进行体育游戏活动。也可以利用一些自制玩具开展游戏活动。

户外区域运动内容

钻爬区

投掷区

玩车区

攀爬区

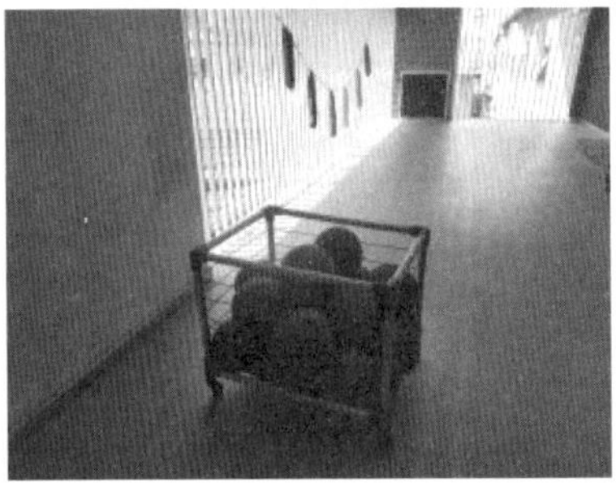

玩球区

玩沙区

图 3-3-3-3　户外活动区

## （二）户外区域运动的常见问题

### 1. 趣味性和创新性不足

户外区域运动中的设计与指导不足是导致趣味性和创新性不足的主要原因。户外区域运动内容相同、形式一致，模式化问题明显，教师和幼儿被动地执行重复的活动内容和活动形式。这会导致幼儿失去活动的兴趣。

### 2. 挑战性不足

户外区域运动具有适当的挑战性，是激发幼儿参与活动的积极性与主动性的必要条件。但是，有些幼儿园为了减少意外事故的发生，避免各种麻烦，会将户外区域运动的难度降到最低程度，如平衡区的平衡木大而矮，幼儿可以在上面毫不费力地来回走动等。幼儿长期进行没有挑战性的户外区域运动，就难以掌握或提升新的运动技能，更难以磨炼意志。

3. 区域运动场地不足、划分不合理

足够的户外活动空间是进行户外区域运动的前提条件。如果户外活动场地过于狭小，幼儿喜欢的自选户外区域运动只会成为偶尔进行的“调味品”。户外区域运动的开展需要借助一定的器材，以促进幼儿不同运动能力的发展。另外，走、跑、跳、攀爬、钻爬、平衡等不同的户外区域运动需要相对固定的活动场地。户外活动场地的不足加上有限的活动场地划分不科学，加重了幼儿园开展户外区域运动的场地限制。

### （三）户外区域运动前的准备

1. 场地的准备

保育老师要为幼儿创设安全、卫生的运动场地。在炎热的夏季，要避免阳光直射，以防幼儿中暑，可安排在一天中凉爽的时间进行活动。还要为幼儿创设安全的心理环境，让幼儿感受到户外区域运动的快乐。

户外区域运动的保育要点——运动前的准备

2. 器材的准备

户外区域运动中，保育老师应为幼儿提供足够的活动器械和丰富的活动内容，并提供给幼儿自由活动的机会和条件；在活动的不同时间，应注意投放不同的运动器材，设计不同的活动内容。配置运动器材时，要注意安全、卫生，还要注意幼儿的年龄特点。活动前，中、小型运动器材要分类摆放，数量备足。同一种器材要为幼儿设计不同的玩法，也要让幼儿创新玩法。

3. 幼儿的准备

（1）幼儿衣着的准备。观察幼儿衣着是否适合锻炼；衣服是否塞入裤腰，鞋带是否系好；关照体弱儿和肥胖儿，在幼儿背部垫上干毛巾等。

（2）较大活动前的准备运动。做准备运动可使体温升高，使参加活动的肌肉得到充分伸展，同时提高神经中枢的兴奋性，克服内脏器官的惰性，满足正式运动时的需要。

### （四）户外区域运动中的辅助要求

1. 给予幼儿细致的生活照护

保育老师在运动中一定要关注好幼儿，做好卫生提醒工作，如多提醒幼儿喝水、如厕，让出汗的幼儿擦干汗，汗量较多时及时为幼儿更换垫背毛巾等。如果幼儿提出要喝水，保育老师要观察并提醒幼儿喝少量的水。

2. 关注并调整幼儿的活动量

保育老师要时刻关注幼儿的活动量，给予一定的指导和提醒，避免出现活动量过小或过大的情况，对于活动量超标的幼儿，要调整其活动频率或活动内容。

3. 避免活动中的不良刺激

保育老师要注意观察太阳光线照射的方向，尽可能让幼儿背对阳光。在冬季、初春、深秋等较冷的季节，保育老师应避免让幼儿迎风激烈跑动，因为跑动中的幼儿可能会张嘴换气，冷空气易引起幼儿喉痛、咳嗽等症状。

4. 观察示范，引导幼儿的正确行为

保育老师要观察、指导幼儿，为幼儿做示范，照顾、帮助幼儿，在活动中要注意培养幼儿的自理能力和自我保护意识，并要做到适时介入。例如，当幼儿有争抢、做危险动作等情况时，保育老师可以用语言进行劝阻。

### （五）户外区域运动后的收整

运动即将结束时，保育老师要提前提醒幼儿，使运动愉快结束；要带领适龄幼儿做好器材收整工作及组织幼儿回室内的工作。

## 四、室内运动辅助

幼儿每天都需要有足够的运动时间，但是在恶劣的天气条件下（如雷电、大风、大雨等），他们便无法到户外运动。室内运动是指在室内开展的各种幼儿体育活动的总称，也是对各种户外运动的补充，可以弥补一些幼儿园客观条件的限制。在室内运动时，保育老师要配合教师做好运动保育工作。

### （一）室内运动的特点与内容

1. 室内运动的特点

（1）空间有限。室内运动空间有一定的局限性，空间的大小、高矮各有差异，这在一定程度上会影响运动的开展。

（2）器械轻便、小巧。室内场地有限，室内场地主要有教室、睡眠室、楼道、楼梯等，运动器械适宜选择便携、轻巧的器材，大型器材不适宜。

（3）内容有倾向性。室内运动的内容选择更多倾向于走、钻爬、跳、投等，在发展幼儿的身体协调性、柔韧性以及感知等方面具有一定的优势。

（4）危险因素较多。由于室内运动空间较小，且幼儿自我控制和身体控制的能力较弱，运动中容易出现争抢、碰撞等现象，危险因素较户外多。

2. 室内运动的内容

（1）室内体育教学活动。室内体育教学活动是根据幼儿身体发展需要，在室内适宜的环境与场地中开展的有计划、有系统的体育课程。例如，在班级教室选择适合室内进行的动作体验与练习，如爬、滚、投准运动等。

（2）室内分组体验活动。这种活动是在较宽敞的室内或者楼道、角落、班级等位置放置一些中、小型的幼儿运动器械，供幼儿进行自主选择，进行身体活动。教师应根据本班、本年龄组的场地情况，创设小型活动区。

（3）室内体操活动。这种活动通常是利用音乐活动室、多功能厅或者宽敞的教室、楼道，组织幼儿进行体操活动。室内体操活动更注重幼儿柔韧性的提高。

（4）室内区域运动。幼儿自主选择材料、内容、场地进行的室内运动，具有比其他形式的室内运动更强的自主性。例如，教师创设“脚丫乐园”区域，提供由不同填充物制作的布袋，让幼儿光脚感知不同的材质；提供不同高度的软玩具，让幼儿在上面行走，提高幼儿身体的平衡能力和控制能力。

### （二）室内运动的常见问题

1. 幼儿园对室内运动组织不重视

部分幼儿园对于特殊天气没有应急预案，教师更多的是把户外运动变为了室内的活动，而不是室内运动，这就会使幼儿难以保证运动量。

2. 教师对室内运动缺乏计划性

由于部分幼儿园的室内运动是临时安排的，所以对室内运动缺乏整体规划，易造成活动过程松散、随意性强、幼儿锻炼不足的情况。还有些运动内容偏重娱乐性，缺少运动价值，难以发挥室内运动的优势。

3. 室内运动内容选择不够丰富

一些不好在室外开展的活动能够在室内进行，但教师在组织活动时大多是将室内运动作为对户外活动的延续，主要体现在集中进行跳、爬的活动较多，忽略了一些容易在室内活动的内容，如翻滚、投准活动等。

4. 室内运动材料提供不够丰富

由于幼儿园对室内运动缺乏深入的探索和研究，室内运动材料的配备往往不够丰富，尤其是缺少对幼儿身体素质发展有所促进的材料。

### （三）室内运动前的准备

幼儿在进行室内运动前，保育老师除了要准备好茶水、毛巾、纸巾等生活用品外，还需要配合教师做好以下准备工作。

室内运动场地的准备要点

1. 提升室内运动场地的利用率

组织开展室内运动并不是将户外运动材料简单地移到室内，而是要根据室内的条件选择运动内容。室内活动场地是有限的，为了提升场地利用率，要精心创设运动情境，如图 3–3–3–4 所示。不同场地的利用方法介绍如下。

图 3–3–3–4　室内运动场地

（1）走廊。走廊具有长、直、宽的特点，因此可以在走廊设置跳和跑的运动环境，让幼儿根据环境特征进行跑和跳的动作练习。

（2）楼梯。楼梯的台阶具有攀高的功能，因此可利用楼梯创设攀高环境，激起幼儿攀登的兴趣，提高攀登能力。

（3）天花板。天花板的作用在于悬挂和垂吊，垂吊物既可以展示区域运动的内容，又可以自然地分隔空间，同时还能方便教师根据需要及时更换内容，如可悬挂供幼儿投掷用的目标物，或是悬挂高低不同的软性球。

（4）墙面。墙面上可以布置生动形象的照片或图片，起到直观的示范作用，如在墙面贴袋鼠图片，并提供各种布袋，让幼儿模仿袋鼠跳跃的动作。

（5）地面。地面上可粘贴小标识、图案等，既可以自然形成区域划分，让幼儿自由建立游戏规则，又有助于幼儿空间概念的形成。

（6）宽敞的活动室等大空间。这类空间适宜开展占用空间较大、幼儿身体移动范围大且活动次数多的钻、爬等活动，因此需合理安排室内空间。

2. 注意室内运动场地的安全

由于室内运动的危险性相对户外要大，在开展室内运动时，首先要充分考虑室内运动场地的特点和幼儿动作发展之间的关系。例如，地面比较光滑的场地不适合做跑步、跳跃等动作。另外，一些有潜在危险因素的物品要及时处理。例如，教室里不用于运动锻炼的桌椅应靠边摆放；将有尖角的部位移除或包裹起来；避免在楼梯口等有落差的场地开展跑动类的活动。

3. 室内运动器材的准备

一般来说，体积相对较小、功能多样的手头玩具，如小球、沙包、布袋、塑料圈等更适宜在室内使用。此外，还可以根据以下几点进行选择。

（1）根据活动目标选择。例如，练习投掷动作，可选择的材料有沙包、降落伞、软性飞盘及各种不易滚动的软性球等。

（2）根据器材的性质选择。器材应该是耐用的，如饼干盒、奶粉罐等，而纸张类材料容易损坏，可以通过折叠加厚的方式或者选择相对牢固的硬板纸、挂历纸代替。

（3）根据年龄特点选择。可为小班幼儿提供促进其平衡、走、跑等能力发展的活动器材；为中班幼儿提供能促进其身体协调发展的活动器材；为大班幼儿提供动作技能要求稍高，能满足幼儿一物多玩需要，发展追逐、躲闪技能，运动强度较大的活动器材。

（4）根据季节选择。在春夏季可为幼儿提供活动量小的器材；在秋冬季为幼儿提供活动量大、强度相对高的器材。

总之，室内运动器材要多样化，数量要充足，使幼儿身体得到均衡发展；投放的器材要有层次性，以满足不同发展水平幼儿的需要；器材还要有可变性及可探索性，尽可能做到一物多玩，以促进幼儿创造性思维的发展。

### （四）室内运动中的辅助要求

1. 时刻观察，给予指导

对保育老师的站位要求是：让无论在教室、走廊，还是在楼梯上进行运动的幼儿，都能在视线范围内，做到站位无死角。保育老师还要加强与教师的沟通，让教师及时获得幼儿信息，并及时帮助和指导个别幼儿。

2. 关注幼儿生活需要

保育老师要关注自己所负责区域内幼儿的生活需要，如提醒幼儿及时穿脱衣服、合理调整活动量，还要及时为幼儿垫毛巾等。教师只有在保育老师配合照顾好幼儿生活的情况下，才能更好地指导幼儿完成运动。

3. 提醒幼儿遵守规则

由于室内场地相对狭小，如果幼儿不遵守规则，场面可能会很混乱。因此，保育老师要配合教师从多方面帮助幼儿遵守规则。例如，可以设置一些箭头标识，提示幼儿运动的轨迹路线。

## 五、运动会辅助

### （一）幼儿园运动会的类型

幼儿园运动会有固定式运动会和阶段式体育活动两种不同的形式。固定式运动会一般每学期举行一次，可以邀请家长一起参加。阶段式体育活动每个月或每两个月举行一次，以班级或年级为单位，开展区域性体育自选游戏，体现幼幼同乐。家长和幼儿共同参与的运动会为亲子运动会。亲子运动会有助于幼儿情绪情感的良好发展，能让家长目睹幼儿参与项目的运动能力情况，了解本班幼儿的差异，增强培养幼儿的自觉性。

### （二）幼儿园运动会的设计原则

1. 安全运动原则

安全运动原则是指对幼儿进行安全运动教育，在运动会中保障幼儿运动安全的原则。幼儿园在举办运动会前，应选择最适当的方法，制订完整的安全管理预案，以确保运动会的安全。

2. 集体教育原则

集体教育原则是指在运动会中对幼儿进行集体教育，培养幼儿正确的集体意识和良好的团队行为。在活动形式上通常要以班级为单位来参赛；在项目设置上，要体现出全体幼儿同场表演的要求，如开幕式出场等，通过集体性表演活动为全体幼儿表达自我、呈现动作技巧提供机会。

3. 关注体验运动乐趣原则

关注体验运动乐趣原则是指在运动会中让幼儿充分运动的同时，体验运动的乐趣，使幼儿喜爱运动并养成参加运动的习惯。组织者必须通过对运动内容和方式的改变，让每个幼儿体验到成功的喜悦，同时，一定不要忽视失败对幼儿意志的磨砺作用。

### （三）幼儿园运动会的组织

1. 确定好运动会的活动方案

运动会的活动方案一般包括如下几个方面。

（1）确定活动主题。一般要选有利于幼儿积极向上，对幼儿具有激发作用的主题。

（2）明确活动时间。幼儿园运动会的开展需要掌握好适宜的时间和天气。例如，幼儿园运动会一般在春季和秋季进行，如果是冬季，在上午 10 点和下午 3 点进行户外活动较为合适；雾天不宜让幼儿做运动。

（3）确定活动目标和要求。方案应确定通过开展本次运动会要使幼儿达到的要求，如发展大肌肉动作，增强团队协作与规则意识等。

（4）确定活动项目与规则。运动会的项目安排及规则制定非常重要，内容选择要全面，主题要符合幼儿身心发展的特点，还要具有游戏性、趣味性和安全性，让幼儿充分感受运动的快乐，在公平竞争中获得成功的喜悦。

（5）明确人员分工与责任设置。人员的安排要具体，包括主持人、总裁判、裁判、器材和场地安排人、安全责任人等。责任也要具体到每个人，特别需要注意的是幼儿园后勤工作人员也要参与到运动会中来。全民动员、各环节分工明确、配合默契，才能确保运动会圆满完成。

2. 做好运动会的前期准备

运动会的前期准备主要包括环境准备和物资准备。环境准备是指在筹备运动会时做好充分的宣传工作，营造氛围。物资准备有运动会要发放的各种奖品、各个活动项目材料及其他相关物品。

3. 确定好运动会的规模

运动会的规模以小型为宜。因为不同年龄段幼儿对活动的坚持程度不一致，各自的游戏特点及关注的对象也不相同，组织以不同年龄段为单位的小型运动会可以更好地发挥运动会的教育作用。如在时间安排上，小班控制在1小时以内，中、大班根据幼儿参与人数可延长至2～3小时。

4. 选取好运动会的内容

根据幼儿年龄及身心发展的特点来选取幼儿园运动会的内容。小班幼儿适合群体性的娱乐活动和平行游戏，如发展幼儿基本动作的运动（越过障碍物走、跑）、接力性游戏（滚轮胎）、亲子活动（如袋鼠妈妈、跳圈圈、宝宝快爬）等。中班幼儿可以选取表演游戏活动和操作活动、亲子活动。大班幼儿可多安排一些竞赛性的接力游戏、对抗比赛和亲子活动。

5. 突出运动会的趣味性与特色

运动会比赛项目的设立要带有趣味性，且形式多样。如开幕式应别开生面，引人入胜，其中入场式应作为重头戏来开展，主要是以幼儿的表演性运动为主，口号以幼儿易于理解且朗朗上口的语句为宜。颁奖仪式应具特色，奖励除了食品、玩具等物质奖励外，别具特色的精神奖励会给幼儿留下更长久的纪念和回忆，如自制的精美奖状、花环、奖杯等。

## （四）运动会开展前后的辅助要求

1. 熟悉运动方案

在幼儿园运动会开展前，保育老师应熟悉完整的活动方案，包括活动过程、具体分工、意外情况发生时的应急处理要求等。

运动会开展前后的保育工作重点

2. 提前与家长沟通

（1）沟通运动会的时间与内容安排，使家长了解活动，方便家长按时接送幼儿。

（2）沟通着装要求。告知家长幼儿的服装要轻便，男孩最好不要穿有拉链的裤子，女孩不要穿裙子。幼儿鞋子要防滑，鞋面柔软，要系好鞋带。

（3）沟通活动要求。家长要加强对幼儿规则意识的培养，以免发生拥挤、跌伤、走失等情况。如果运动会需要家长参与，家长要配合现场工作人员的指挥，看护好幼儿。活动中要保持场地卫生。

3. 检查场地及器材情况

检查本班级所在的活动场地，排除异物和积水等不安全因素；检查班级参与运动会所需要的活动器材，避免因数量不够、出现损坏等而影响活动开展，或者存有安全隐患。

4. 幼儿入场前的准备

准备幼儿生活用品，如水、毛巾、纸等，物品准备要齐全；组织幼儿如厕，检查幼儿服装；依据方案时间和场地要求，组织幼儿有序排队进场。

5. 运动会中做好观察与沟通

运动会进行中，保育老师要善于观察幼儿的身体情况和情绪状态，提醒幼儿适时饮水，为个别幼儿脱去过多的衣服，提醒幼儿注意安全与环境卫生等。避免亲子运动会中出现家长代替幼儿、家长带头犯规、忽视安全、家长过度保护等行为。

6. 运动会结束后的收整

因为运动会中幼儿的体力消耗相对较大，运动会结束后，保育老师应坚持做好运动会后的保育工作，收拾本班用品及运动器材，组织幼儿如厕、洗手、喝水等，避免幼儿出现来不及大小便、不洗手就拿点心吃等的情况。如为亲子运动会，结束后需由家长直接带回的，要再次向家长强调，确保所有幼儿由家长接走后再离开。

## 六、远足运动辅助

远足运动是在郊区、农村或者山野间进行中长距离的走路锻炼。远足运动需要幼儿付出一定体力和努力，因此，幼儿远足时的辅助工作非常重要。

### （一）远足运动的特点与内容

1. 远足运动的特点

（1）灵活性。一是距离灵活，根据幼儿身体素质或者活动需要而定。二是时间灵活，任何季节都可以开展远足运动，且每次运动的时间可长可短。三是地点灵活，可以去郊外、公园、场馆等。四是组织形式灵活，既可以全园一起组织，也可以分年龄班组织，还可以按照亲子模式组织。五是内容灵活，可以根据幼儿兴趣、主题开展情况、幼儿园重点工作选择内容。

（2）开放性。在远足运动中，幼儿可以体验、感悟、接触和了解社会、了解自然，学到很多在幼儿园学不到的知识，从而建构起新的经验。

2. 远足运动的主要内容

（1）锻炼性远足运动。锻炼性远足运动是指以锻炼身体、提高身体素质为主要目的的远足运动。为了提高幼儿的积极性，还可以借助指针、地图等，让幼儿边识图边前进，以分散幼儿的疲劳感，增强运动的趣味性。

（2）游览性远足运动。游览性远足运动是指以参观游览为主要内容的远足运动。参观游览的对象不同，其教育意义也不同。例如，春天到公园，主要让幼儿领略季节变化和大自然的美景；参观长城等古迹，主要让幼儿感受中国古代劳动人民的伟大。

（3）游戏性远足运动。游戏性远足运动是指以培养幼儿综合素质为主要目的的远足运动。例如，选择较为开阔的场地开展“寻宝”“探险”等游戏，让幼儿在活动中学习知识，培养他们的合作意识、克服困难的勇气等。

（4）主题性远足运动。主题性远足运动是指根据幼儿园重点工作或者班级主题教育活动开展的远足运动。例如，开展主题活动“春天来了”，可以带领幼儿去田野，让他们观察自然物的变化，理解春天的概念。

### （二）远足运动的常见问题

#### 1. 幼儿安全问题

（1）交通安全问题。远足选择的目的地距离幼儿园会有一段距离，要充分考虑可能出现的交通问题，尽量规避拥堵时段和路段。

（2）意外伤害问题。远足过程中，幼儿精神放松，吸引他们的事物又很多，出现意外伤害在所难免。过程中还要注意防范一些人为伤害。

#### 2. 幼儿生活问题

由于户外活动受场地环境限制，可能会出现无处洗手、不能及时饮水等问题，所以在远足运动前要精心准备，保证幼儿生活所需，还要根据天气预报情况为幼儿准备衣物、雨具等，如遇恶劣天气，要取消活动。

#### 3. 幼儿突发疾病问题

幼儿年龄小，适应环境能力差，远足运动中难免会有个别幼儿突发疾病。因此，远足运动中要备好各种常见药物，最好有医护人员同行。

### （三）远足运动前的准备

#### 1. 目的地准备

（1）事先筹划。保育老师要事先踩点，熟悉环境和路线，要考虑步行距离、持续时间、远足方式、远足地点、行进速度等方面。在确定步行距离和持续时间方面，宜由短到长，如小班第一次远足的距离在 1 千米以内，用时在 30 分钟左右，以后可逐渐增加到 3 千米、2 个小时。远足的地点也应由单一性向综合性发展，让幼儿在远足运动中始终保持浓厚的兴趣。

（2）家园沟通。保育老师应提前将本次远足的地点、内容及要求告知幼儿家长，取得家长的支持和配合。

2. 安全工作准备

（1）在远足运动前，应专门组织保育老师讨论、预测活动中可能遇到的安全隐患，设计出切实可行的解决办法，并形成活动预案文本。

（2）保育老师在活动前要对幼儿进行安全教育。由于远足运动要走出幼儿园，安全工作显得尤为重要，保育老师要对幼儿进行全方位的安全教育。

3. 生活用品准备

（1）通知家长给幼儿穿便于外出的服装，如运动服、运动鞋；出发前要检查幼儿的服装及鞋子是否合适。

（2）通知家长为幼儿准备好背包、水壶、纸巾、零食、干毛巾等物品。

（3）准备好矿泉水、纸巾、毛巾、点心、常用药品（如夏天用来防止中暑和蚊虫叮咬的药品，治疗腹泻、肚子疼的药品，急救用的材料包）等。

### （四）远足运动中的辅助要求

1. 时刻做好观察

远足运动中，保育老师要善于观察幼儿的身体情况和情绪状态，及时调整节奏和速度，给予适当的休息；提醒幼儿适时饮水，为个别幼儿脱去过多的衣服；提醒幼儿跟上队伍，中途变换场所时要清点人数，以防幼儿丢失等。

2. 注意个体差异

每个班级总有几个体质相对较弱的幼儿，保育老师要有更多的耐心，帮助他们完成远足任务，使他们的体质得到进一步增强，也使他们的家长打消顾虑，支持幼儿参加远足运动，使保育工作能遵守面向全体幼儿的原则。

### （五）远足运动后的事项

保育老师应做好远足后的保育工作，组织幼儿如厕、洗手、喝水等，避免幼儿出现来不及大小便、不洗手就拿点心吃等的情况。如远足运动结束后需由家长直接带回的，要再次向家长强调，确保所有幼儿的安全。

## 步骤二　活动提升

1、早操活动资料整理及讨论

概括幼儿体操的主要类型，描述所收集的早操活动，包括类型、特点、适用年龄段、准备的器材及本操节活动的主要过程。将相关信息填入表 3-3-3-2 中。

表 3-3-3-2　早操活动案例信息整理

| | | |
|---|---|---|
| 概括幼儿体操的主要类型 | | |
| 所收集的早操活动 | 类型 | |
| | 特点 | |
| | 适用年龄段 | |
| | 准备的器材 | |
| | 活动的主要过程 | |

2. 体育教学活动辅助案例讨论

通过组内成员讨论、请教教师，对案例中保育老师的工作失误和对应的正确做法达成一致意见。将相关信息填入表 3-3-3-3 中。

表 3-3-3-3　本组收集整理的案例及工作失误讨论

| | |
|---|---|
| 收集整理的案例 | |
| 案例中保育老师的工作失误 1 | |
| 对应的正确做法 1 | |
| 案例中保育老师的工作失误 2 | |
| 对应的正确做法 2 | |
| 案例中保育老师的工作失误 3 | |
| 对应的正确做法 3 | |
| 其他工作失误 | |
| 对应的正确做法 | |

3. 户外区域运动器材整理与展示

（1）整理所收集的幼儿园运动器材（可进行描述或贴图说明），填入表3-3-3-4中。

表 3-3-3-4　幼儿园常见的运动器材

| | | | | |
|---|---|---|---|---|
| 中小型运动器材 | 小班 | | | |
| | 中班 | | | |
| | 大班 | | | |
| 大型运动器材 | | | | |

（2）阐述某一运动器材的不同玩法，并展示所收集的资料，填入表3-3-3-5中。

表 3-3-3-5　某一运动器材的不同玩法

| 序号 | 玩法说明 | 玩法图片或视频等资料 |
|---|---|---|
| 1 | | |
| 2 | | |
| 3 | | |

## 步骤三　任务评价

| 评价项 | 评价要点 | 自我评价 | 小组评价 |
|---|---|---|---|
| 早操活动资料整理及讨论 | 资料收集任务完成（0 ~ 10 分） | | |
| | 幼儿体操主要类型表述正确（0 ~ 10 分） | | |
| | 所收集的早操活动描述完整（0 ~ 10 分） | | |
| | 语言表达整体流畅（0 ~ 5 分） | | |
| 体育教学活动辅助案例讨论 | 积极参与案例收集与讨论（0 ~ 10 分） | | |
| | 主要工作失误整理全面、正确（0 ~ 10 分） | | |
| | 对应做法正确（0 ~ 10 分） | | |

续表

| 评价项 | 评价要点 | 自我评价 | 小组评价 |
| --- | --- | --- | --- |
| 户外区域运动器材整理与展示 | 器材玩法收集形式丰富（0 ~ 10 分） | | |
| | 常见运动器材阐述全面正确（0 ~ 10 分） | | |
| | 运动器材玩法 1 阐述合理（0 ~ 5 分） | | |
| | 运动器材玩法 2 阐述合理（0 ~ 5 分） | | |
| | 运动器材玩法 3 阐述合理（0 ~ 5 分） | | |
| 本任务最后得分（总分 100 分） | | | |

说明：小组各成员进行自我评价，小组评价由小组长和其他成员讨论后评价。本任务最后得分（分）= 自我评价得分 ×40% + 小组评价得分 ×60%。

项目测试 3-3

# 参考文献

【1】陈瑶．幼儿园教育活动设计与指导[M]．北京：北京师范大学出版社，2016．

【2】侯莉敏．幼儿保育与教育学[M]．北京：北京师范大学出版社，2018．

【3】胡仙鸽．幼儿园语言教育活动设计与指导[M]．北京：北京师范大学出版社，2016．

【4】康松玲，许晨宇．0～3岁婴幼儿抚育与教育[M]．北京：北京师范大学出版社，2016．

【5】刘立民．0～3岁婴幼儿亲子活动教程[M]．北京：北京师范大学出版社，2018．

【6】孟亭含．婴幼儿卫生与保健[M]．上海：同济大学出版社，2018．

【7】南京市卫生健康委员会．0—3岁婴幼儿托育机构实用指南[M]．南京：江苏凤凰教育出版社，2019．

【8】潘建明，成军，文萍．幼儿照护职业技能教材（基础知识）[M]．长沙：湖南科学技术出版社，2020．

【9】潘建明，蒋晓明，任江维．幼儿照护职业技能教材（中级）[M]．长沙：湖南科学技术出版社，2020．

【10】潘建明，谢玉琳，马仁海．幼儿照护职业技能教材（初级）[M]．长沙：湖南科学技术出版社，2020．

【11】彭越，王栋材．幼儿园科学教育活动设计与指导[M]．长沙：湖南大学出版社，2018．

【12】秦旭芳．0～3岁亲子教育活动指导与设计[M]．北京：中国人民大学出版社，2017．

【13】邱金凤，周子莉．幼儿游戏与指导[M].北京：首都师范大学出版社，2019．

【14】人力资源和社会保障部教材办公室．保育员初级[M]．北京：中国劳动社会保障出版社，2015．

【15】人力资源和社会保障部教材办公室．保育员中级[M]．北京：中国劳动社会保障出版社，2015．

【16】人力资源和社会保障部教材办公室．保育员初级　中级　高级[M]．北京：中国劳动社会保障出版社，2018．

【17】宋彩虹，蔡志刚．幼儿园教育活动保育[M]．上海：华东师范大学出版社，2022．

【18】王惠然．学前儿童艺术教育[M]．北京：北京师范大学出版社，2014．

【19】王丽娜．婴幼儿早期教育活动设计与指导[M]．上海：复旦大学出版社，2020．

【20】王明晖，刘凌，杨梅．婴幼儿亲子教育活动设计与案例精选[M]．上海：复旦大学出版社，2017．

【21】伍友艳，陈金菊．幼儿园游戏[M]．长春：东北师范大学出版社，2015．

【22】吴志勤，敖翔．学前儿童游戏[M]．长春：东北师范大学出版社，2017．

【23】袁爱玲．幼儿园环境创设[M]．长沙：湖南大学出版社，2015．

【24】张海燕，石琳，李娜．0 ~ 3岁婴幼儿早期教育活动的设计与实践[M]．北京：中国农业出版社，2020．

【25】张兰香．0 ~ 3岁婴儿保育与教育[M]．北京：北京师范大学出版社，2017．

【26】张明红．0—3岁婴幼儿语言发展与教育[M]．上海：华东师范大学出版社，2020．

【27】张首文，白秋红．幼儿园体育活动设计与指导微课版[M]．北京：人民邮电出版社，2017．

【28】周梅林．学前儿童社会教育活动指导[M]．上海：复旦大学出版社，2016．